Germany

독일어
여행 회화

박재희 저

일진사

머리말

요즈음에는 관광이나 사업 등의 이유로 누구에게나 해외 여행을 하게 되는 기회가 많아졌다. 세계 여러 곳을 여행하는 것은 매우 즐거운 일이지만 의사소통이 되지 않는다면 많은 어려움이 따를 것이다.
 하지만 잠깐의 여행을 하기 위해 세계 곳곳, 모든 나라의 언어들을 공부한다는 것 역시 무리가 있다. 그러나 여행에 필요한 몇 가지 표현들을 알아둔다면 여행은 한층 즐거워질 것이다.

 이 책은 상황별 간단한 회화 표현들을 위주로 엮어 놓았다. 여행자는 상황에 맞는 페이지를 펴서 그것을 읽거나 보여주는 것만으로도 여행 중 의사소통을 하는 데 상당히 도움을 받게 될 것이다.
 휴대하기 간편한 크기의 책자이므로 언제 어디서나 펼쳐보기 쉽게 제작하여 여행자들의 편의를 도모하였다.

박재희

INHALT

[이책의 사용방법] ················· 8

01 기본 회화 ················· 11

기본 표현 ················· 11
 *참고단어와 표현 : 의문사 ················· 13
인사 ················· 14
 *참고단어와 표현 : 가족 ················· 15
자기 소개 ················· 16
 *참고단어와 표현 : 직업 ················· 27
일상생활 ················· 28
학교생활 ················· 34
 *참고단어와 표현 : 과목 ················· 37
취미 ················· 38
 *참고단어와 표현 : 취미 ················· 49
숫자, 시간, 날짜, 계절 ················· 50
 *참고단어와 표현 : 시간, 월, 계절 ················· 54
안부, 초대 ················· 55
 *참고단어와 표현 : 요일 ················· 63
기원, 축하, 감탄 ················· 63
 *참고단어와 표현 : 숫자 ················· 67
그 밖의 표현 ················· 68
 *참고단어와 표현 : 동물, 국가 ················· 71

02 공항에서 ················· 75

항공권 예약 ················· 75
 *참고단어와 표현 : 기내 ················· 77
기내 자리 안내 ················· 77

기내 서비스 ·················79
 *참고단어와 표현 : 메뉴 ········82
기내 면세품 구입 ············82
비행기 환승 경유 ············83
입국심사 ··················84
 *참고단어와 표현 ············86
세관 통과 ··················87
환전하기 ··················88

03 관광안내소 ············ 91

관광안내 ··················91
 *참고단어와 표현 : 관광 ······94

04 호텔에서 ··············· 97

체크인 ····················97
 *참고단어와 표현 : 숙박 ·····102
룸 서비스 ·················102
 *참고단어와 표현 ···········105
체크아웃 ·················106

05 길 찾기 ················ 109

길 물어보기 ···············109
 *참고단어와 표현 ···········114

06 대중 교통 이용 ········· 117

택시에서 ·················117

5

버스에서 …………………………………… 118
전철에서 …………………………………… 122
열차에서 …………………………………… 123
렌트카 이용 ……………………………… 126
　*참고단어와 표현 : 교통 수단 ……………… 129

07 백화점에서 …………………………… 131

상점찾기 …………………………………… 131
물건사기 …………………………………… 133
　*참고단어와 표현……………………………… 139
계산하기 …………………………………… 141
　*참고단어와 표현 : 양념 ……………………… 143

08 레스토랑에서 ………………………… 145

예약 및 주문 ……………………………… 145
　*참고단어와 표현 : 요리, 생선, 음료, 과일 …… 152

09 전화 걸기 ……………………………… 157

전화 통화…………………………………… 157

10 은행에서 ………………………………… 165

은행에서 일보기…………………………… 165
　*참고단어와 표현……………………………… 166

11 우체국에서 ……………………………… 169

우체국에서 일보기………………………… 169
　*참고단어와 표현……………………………… 173

12 병원에서 ··· 175
병원 예약 및 처방 ·································175
*참고단어와 표현 : 신체, 질병 ···············180

13 사고 분실시 ····································· 183
도움 요청···183
*참고단어와 표현 ··································188

14 비즈니스 독일어 ······························· 191
비즈니스할 때······································191
편지쓰기··196

15 표지판 ··· 201
여러 가지 표지판 ·································201

|부록| 가자! 월드컵 경기장으로ㅣ ············· 205
월드컵 일정별 도시 여행······················206
프랑크푸르트 ······································210
라이프치히 ···214
하노버 ··216
함부루크 ···218
겔젠키르헨 ···220
도르트문트 ···222
뮌헨 ··224
슈투트가르트 ······································226
베를린 ··228
각 도시 지하철 노선도 ························232

1. 상황별 15개의 장으로 나뉘어 있으므로 처해진 상황에 맞는 페이지를 열어 한글과 비교해 보며 원문 아래 써 있는 발음을 또박또박 읽는다.
2. 각 상황에 맞춰 참고 단어 및 표현 중 적당한 단어를 삽입하여 사용한다.
3. 독일어는 스펠링 그대로를 읽는 것이 기본이나, 영어에 없는 움라우트와 에스체트가 있으므로 발음에 주의를 요한다.
   ä 입모양은 **아**를 하고 발음은 **에**
   ö 입모양은 **오**를 하고 발음은 **외**
   ü 입모양은 **우**를 하고 발음은 **위**
   ß 쓰
4. 독일어에는 영어와 달리 존대말과 반말의 표현이 있다. 여행시에는 모르는 사람들을 만나는 경우가 많으므로 이 책에서는 존대말을 기본으로 편집하였다.
5. 독일어 단어에는 남성, 여성, 중성이 있어서 같은 뜻이라도 단어에 따라 관사의 어미가 변한다.

6. 여성의 경우 남성 명사에 -in을 붙이는 경우가 많다.
    ex) 학생 - 남학생 : student
            여학생 : studentin
        한국인 - 남자 : koreaner
        한국인 - 여자 : koreanerin

7. 어떤 부탁이나 청유를 할 때, 혹은 잘 모르는 것은 아는 단어만 이야기한 후 약간의 제스처와 함께 무조건 Bitte를 붙여라. 그러면 거의 뜻이 통한다.
    ex) Wasser bitte : 물 주세요!
        Bitte! : 앉으세요(자리를 가르키며).
                여기 있어요(무언가를 주며).

01 기본 회화

기본 표현

예	**Ja** 야
아니오	**Nein** 나인
감사합니다.	**Danke schön.** 당케 쇤
별말씀을	**Bitte schön.** 비테 쇤
천만에요!	**Nichts zu danken!** 니히츠 쭈 당켄!
유감입니다.	**Tut mir leid.** 투트 미어 라이트
고맙지만 됐어요.	**Nein, danke.** 나인 당케
미안합니다./실례합니다.	**Entschuldigung.** 엔트슐디궁
죄송합니다.	**Verzeihen Sie bitte.** 페어짜이엔 지 비테

괜찮습니다.	**Macht nichts.** 마흐 니히츠
상관 없습니다.	**Kein Problem!** 카인 프로블렘!
모르겠습니다.	**Ich weiß nicht.** 이히 바이스 니히트
사실이 그래요.	**Das ist wahr.** 다스 이스트 바
그것을 글로 써 주실 수 있나요?	**Könnten Sie das bitte aufschreiben?** 쾬텐 지 다스 비테 아우프슈라이벤?
그것에 대해 설명해 주실 수 있나요?	**Könnten Sie das bitte erklären?** 쾬텐 지 다스 비테 에어클레렌?
어떻게 읽습니까?	**Wie spricht man das aus?** 비 슈프리히트 만 다스 아우스?
영어로 어떻게 말합니까?	**Wie sagt man das auf Englisch?** 비 작트 만 다스 아우프 엥글리쉬?
무슨 뜻입니까?	**Was bedeutet das?** 바스 베도이테트 다스?
다시 한번 반복해서 말씀해 주시겠어요?	**Könnten Sie das bitte wiederholen?** 쾬텐 지 다스 비테 비더홀렌?
제 생각에는 그렇지 않은데요.	**Das glaube ich nicht.** 다스 글라우베 이히 니히트

찬성입니다.	**Ich bin dafür.**	
	이히 빈 다퓌어	
제 생각도 그렇습니다.	**Ich glaube schon.**	
	이히 글라우베 숀	
맞습니다.	**Das stimmt.**	
	다스 슈팀트	
틀립니다.	**Das stimmt nicht.**	
	다스 슈팀트 니히트	
그렇습니다.	**Das ist richtig.**	
	다스 이스트 리히티히	
그렇지 않습니다.	**Das ist nicht richtig.**	
	다스 이스트 니히트 리히티히	

[참고단어와 표현]

	*의 문 사		어떻게	Wie? 비
어디?	Wo? 보		얼만큼	Wieviel /
언제?	Wann? 반			비필(셀 수 없는 것) /
왜?	Warum? 바룸			Wie viele?
무엇?	Was? 바스			비필레(셀 수 있는 것)
누구?	Wer? 베어		있습니까?	Gibt es?
				깁 에스

13

인사

안녕!(만났을 때)	**Hallo!** 할로!
안녕!(만났을 때 : 친한 사이)	**Na!** 나!
안녕!(친한 사이)	**Grüß dich!** 그뤼쓰 디히!
안녕하세요!(아침 인사)	**Guten Morgen!** 구텐 모르겐!
안녕하세요!(점심 인사)	**Guten Tag!** 구텐 탁!
안녕하세요!(저녁 인사)	**Guten Abend!** 구텐 아벤트!
잘 자요.	**Gute Nacht!** 구테 나흐트!
편히 자.	**Schlaf gut!** 슐라프 굿!
좋은 꿈 꿔!	**Träume was Schönes!** 트로이메 바스 쇠네스!
잘 잤어?	**Gut geschlafen?** 굿 게슐라펜?
안녕히 가세요.	**Auf Wiedersehen!** 아우프 비더제엔!
안녕!(헤어질 때)	**Tschüß!** 츄스!

안녕!(헤어질 때)	**Ciao!** 챠오!
나중에 만나요.	**Bis später!** 비스 슈페터!
다음에 봐요.	**Bis nachher!** 비스 나흐헤어!
그럼	**Bis dann!** 비스 단!
만나서 반갑습니다.	**Sehr angenehm!** 제어 안게넴!
주말 잘 보내세요.	**Schönes Wochenende!** 쇠네스 보헨엔데!
감사합니다. 당신도요.	**Danke, gleichfalls.** 당케, 글라이히팔스
남은 시간도 즐겁게.	**Schönen Tag noch.** 쇠넨 탁 노흐
고마워요. 당신도요.	**Danke. Ihnen auch.** 당케. 이넨 아우흐

[참고단어와 표현]

*가 족

아버지	**der Vater**	데어 파터
어머니	**die Mutter**	디 무터
부모님	**die Eltern**	디 엘테른

남동생/오빠	der Bruder	데어 부르더
언니/누나	die Schwester	디 슈베스터
아들	der Sohn	데어 존
딸	die Tochter	디 토흐터
할아버지	der Großvater/Opa	데어 그로쓰파터/오파
할머니	die Großmutter/Oma	디 그로쓰무터/오마
조부모님	die Großeltern	디 그로쓰엘터른
손자	der Enkel	데어 엔켈
삼촌	der Onkel	데어 온켈
숙모/아주머니	die Tante	디 탄테
남자 조카	der Neffe	데어 네페
여자 조카	die Nichte	디 니히테
사위	der Schwager	데어 슈바거
며느리	die Schwägerin	디 슈베거린
시아버지/장인	der Schwiegervater	데어 슈비거파터
시어머니/장모	die Schwiegermutter	디 슈비거무터

자기 소개

안녕하세요! 누구십니까?

Hallo! wer sind Sie?
할로! 베어 진 지?

저는 박하나라고 합니다.

Ich bin Ha-na Park.
이히 빈 하나 팍

박양? 환영합니다. 저는 마이어입니다.	**Frau Park? Herzlich willkommen. Ich bin Frau Maier.** 프라우 박? 헤어쯔리히 빌콤멘. 이히 빈 푸라우 마이어
베르그씨는 사장님입니다.	**Herr Berg ist der Chef.** 헤어 베르그 이스트 데어 쉐프
제가 두 분을 소개시켜도 되겠습니까? 이쪽은 박양입니다.	**Darf ich vorstellen? Das ist Frau Park.** 다르프 이히 포어슈텔렌? 다스 이스트 프라우 팍
이쪽은 베르그씨입니다.	**Das ist Herr Berg.** 다스 이스트 헤어 베르그
이름이 무엇입니까?	**Wie heißen Sie?** 비 하이쎈 지?
제 이름은 박하나입니다.	**Ich heiße Ha-na Park.** 이히 하이쎄 하나 팍
당신 이름의 알파벳을 불러 주세오.	**Buchstabieren Sie Ihren Namen.** 부흐슈타비렌 지 이어렌 나멘
다시 한번 말씀해 주세요.	**Wiederholen Sie, bitte.** 비더홀렌 지, 비테
나이가 몇 살입니까?	**Wie alt sind Sie?** 비 알트 진 지?
20살입니다.	**Ich bin 20 Jahre alt.** 이히 빈 쯔반찌히 야레 알트
어디서 왔어요?	**Woher kommen Sie?** 보헤어 콤멘 지?

17

국적이 어디입니까?	**Welche Nationalität haben Sie?** 벨헤 나찌오날리텥트 하벤 지?
한국 사람입니다.	**Ich bin Koreaner.** 이히 빈 코레아너
태생지는 어디입니까?	**Was ist Ihr Geburtsort?** 바스 이스트 이어 게부어츠오르트?
저는 서울에서 태어났습니다.	**Ich bin in Seoul geboren.** 이히 빈 인 서울 게보렌
언제 태어났습니까?	**Wann sind Sie geboren?** 반 진 지 게보렌?
생일이 언제니?	**Wann hast du Geburtstag?** 반 하스 두 게부어스탁?
제 생일은 12월 22일입니다.	**Ich habe am 22.12 Geburtstag.** 이히 하베 암 쯔바이운쯔반찌히스텐 데쩸버 게부어스탁
11월생입니다.	**Ich bin im November geboren.** 이히 빈 임 노벰버 게보렌
1971년 2월생입니다.	**Ich bin im Februar 1971 geboren.** 이히 빈 임 페브루아 노인쩬훈더르트아인운집지히 게보렌
저는 1970년생입니다.	**Ich bin im Jahr 1970 geboren.** 이히 빈 임 야 노인쩬훈더르트집지히 게보렌

생일 선물은 무엇을 원합니까?	**Was für ein Geschenk möchten Sie zum Geburtstag bekommen?** 바스 퓌어 아인 게쉥크 뫼히덴 지 쭘 게부어스탁 베콤멘?
저는 책을 생일 선물로 받고 싶어요.	**Ich möchte Bücher zum Geburtstaggeschenk bekommen.** 이히 뫼히테 뷔혀 쭘 게부어스탁게쉥크 베콤멘
형제가 있습니까?	**Haben Sie Geschwister?** 하벤 지 게슈비스터?
저는 외동 아들(딸)입니다.	**Ich bin ein Einzelkind.** 이히 빈 아인 아인쩰킨트
네, 형제가 있습니다. 오빠가 둘입니다.	**Ja, ich habe Geschwister. Ich habe zwei Brüder.** 야, 이히 하베 게슈비스터. 이히 하베 쯔바이 부뤼더
아니요, 형제가 없습니다.	**Nein, ich habe keine Geschwister.** 나인, 이히 하베 카이네 게슈비스터
가족관계는 어떻게 됩니까?	**Wie ist Ihr Familienstand?** 비 이스트 이어 파밀리엔슈탄트?
여동생이 있나요?	**Haben Sie eine jüngeren Schwester?** 하벤 지 아이네 융어렌 슈베스터?
네, 여동생이 하나 있습니다.	**Ja, ich habe eine jüngeren Schwester.** 야, 이히 하베 아이네 융어렌 슈베스터

여자 형제는 없습니다.	**Ich habe keine Schwester.** 이히 하베 카이네 슈베스터
언니가 둘 있습니다.	**Ich habe zwei Schwestern.** 이히 하베 쯔바이 슈베스터른
저희 언니(누나)는 저보다 나이가 많습니다.	**Meine Schwester ist älter als ich.** 마이네 슈베스터 이스트 엘터 알스 이히
그녀의 이름은 하이케입니다.	**Sie heißt Heike.** 지 하이스트 하이케
그녀는 42살입니다.	**Sie ist 42 Jahre alt.** 지 이스트 쯔바이운피어찌히 야레 알트
집안에서 가장 연장자는 누구인가요?	**Wer ist am ältesten in Ihrer Familie?** 베어 이스트 암 엘테스텐 인 이어러 파밀리에?
저희 아버지가 가장 연장자입니다.	**Mein Vater ist am ältesten in meiner Familie.** 마인 파터 이스트 암 엘테스텐 인 마이너 파밀리에
이 분은 저희 아버님입니다.	**Das ist mein Vater.** 다스 이스트 마인 파터
저희 아버님은 세일즈맨입니다.	**Mein Vater ist ein Kaufman.** 마인 파터 이스트 아인 카우프만
저희 어머니는 작년에 돌아가셨습니다.	**Meine Mutter ist letztes Jahr gestorben.** 마이네 무터 이스트 레쯔테스 야 게스토르벤
당신은 기혼인가요? 미혼인가요?	**Sind Sie verheiratet oder ledig?** 진 지 페어하이라테트 오더 레디히?

저는 미혼입니다.	**Ich bin ledig.** 이히 빈 레디히
결혼했어요.	**Ich bin verheiratet.** 이히 빈 페어하이라테트
결혼한 지 얼마나 되었어요?	**Seit wann sind Sie verheiratet?** 자이트 반 진 지 페어하이라테트?
5년 됐습니다.	**Seit 5 Jahren.** 자이트 퓐프 야렌
언젠가는 결혼할 거죠?	**Möchten Sie irgendwann heiraten?** 뫼히텐 지 이르겐트반 하이라텐?
네, 결혼하고 싶어요.	**Ja, ich möchte heiraten.** 야, 이히 뫼히테 하이라텐
아니요, 절대 결혼하고 싶지 않아요.	**Nein, ich möchte nie heiraten.** 나인, 이히 뫼히테 니 하이라텐
결혼에 대해 어떻게 생각합니까?	**Wie halten Sie Heiraten?** 비 할텐 지 하이라텐?
결혼은 중요하다고 생각합니다.	**Ich finde Heiraten wichtig.** 이히 핀데 하이라텐 비히티히
저에게는 결혼이 중요하지 않습니다.	**Für mich ist Heiraten nicht wichtig.** 퓌어 미히 이스트 하이라텐 니히트 비히티히
자녀가 있습니까?	**Haben Sie Kinder?** 하벤 지 킨더?
아니오, 아이가 없습니다.	**Nein, ich habe keine Kinder.** 나인, 이히 하베 카이네 킨더

| 네, 아이가 있습니다. | **Ja, ich habe Kinder.** 야, 이히 하베 킨더 |

예, 딸이 셋입니다. **Ja, ich habe drei Mädchen.** 야, 이히 하베 드라이 멛첸

예, 저에게는 두 딸이 있습니다. **Ja, ich habe zwei Töchter.** 야, 이히 하베 쯔바이 퇴히터

예, 아들이 하나 있습니다. **Ja, ich habe einen Jungen.** 야, 이히 하베 아이넨 융엔

당신 아들은 몇 살입니까? **Wie alt ist Ihrer Sohn?** 비 알트 이스트 이어러 존?

그 아이는 5살입니다. **Er ist 5 jahre alt.** 에어 이스트 퓐프 야레 알트

종교가 무엇입니까? **Was ist Ihre Religion?** 바스 이스트 이레 렐리기온?

저는 천주교인입니다. **Ich bin katholish.** 이히 빈 카톨리쉬

저는 기독교인입니다. **Ich bin evangelisch.** 이히 빈 에팡겔리쉬

저는 불교신자입니다. **Ich bin buddhistisch.** 이히 빈 부디스티쉬

저는 이슬람교인입니다. **Ich bin Moslem.** 이히 빈 모슬렘

당신은 모국어로 어떤 언어를 사용하세요? **Was sprechen Sie zu Hause?** 바스 슈프레헨 지 쭈 하우제?

저의 모국어는 한국어입니다. **Ich spreche zu Hause Koreanisch.** 이히 슈프레헤 쭈 하우제 코레아니쉬

사는 곳이 어디입니까?	**Wo ist Ihr Wohnort?** 보 이스트 이어 본오르트?
제가 사는 곳은 비스바덴입니다.	**Mein Wohnort ist Wiesbaden.** 마인 본오르트 이스트 비스바덴
정확한 주소를 말씀해 주세요.	**Bitte, nennen Sie die genaue Adresse.** 비테, 넨넨 지 디 게나우에 아드레쎄
저는 피터란트슈트라쎄 133번지에 삽니다.	**Ich wohne auf der Piterland straße einhundertdreiunddreißig.** 이히 보네 아우프 데어 피러란트슈트라쎄 아인훈더르트드라이운트드라이씨히
우편번호는 어떻게 됩니까?	**Und die Postleitzahl?** 운 디 포트스라이트짤?
어디에 삽니까?	**Wo wohnen Sie?** 보 보넨 지?
서울에 삽니다.	**Ich wohne in Seoul.** 이히 보네 인 서울
기숙사에 삽니다.	**Ich wohne im Studentenwohnheim.** 이히 보네 임 슈투덴텐본하임
부모님과 함께 삽니다.	**Ich wohne bei meinen Eltern.** 이히 보네 바이 마이넨 엘터른
이곳에 산 지는 얼마나 되었습니까?	**Seit wann wohnen Sie schon hier?** 자이트 반 보넨 지 숀 히어?

2년 됐습니다.	**Seit zwei jahren.** 자이트 쯔바이 야렌
우리 아파트는 교통이 좋습니다.	**Unsere Wohnung liegt sehr verkehrsgünstig.** 운저레 보눙 릭트 제어 페어케어스귄스티히
어디에 살고 싶으세요?	**Wo möchten Sie wohnen?** 보 뫼히텐 지 보넨?
요하네스 거리에 있는 아파트에 살고 싶습니다.	**Ich möchte in einer Wohnung in der Johanes straße wohnen.** 이히 뫼히테 인 아이너 보눙 인 데어 요하네스슈트라쎄 보넨
시내에 살고 싶습니다.	**Ich möchte in der Innenstadt wohnen.** 이히 뫼히테 인 데어 인넨슈타트 보넨
저는 정원이 있는 주택에 살고 싶습니다.	**Ich möchte in einem Haus mit Garten wohnen.** 이히 뫼히테 인 아이넴 하우스 밋 가르텐 보넨
당신의 할아버지 연세가 어떻게 되십니까?	**Wie alt ist Ihr Großvater?** 비 알트 이스트 이어 그로스파터?
저희 할아버지는 80세입니다.	**Mein Großvater ist achtzig Jahre alt.** 마인 그로쓰파터 이스트 악찌히 야레 알트
뭐가 되고 싶니?	**Was willst du werden?** 바스 빌스 두 베어덴?
저는 셀러리맨이 되고 싶습니다.	**Ich möchte gern Kaufmann werden.** 이히 뫼히테 게른 카우프만 베어덴

저는 선생님이 될 것입니다.	**Ich will Lehrer werden.** 이히 빌 레러 베어덴
제 목표는 미용사가 되는 것이예요.	**Mein Berufziel ist der Friseur.** 마인 베루프찔 이스트 데어 프리주에어
직업이 무엇입니까?	**Was sind Sie von Beruf?** 바스 진 지 폰 베루프?
어떤 일을 하십니까?	**Was machen Sie beruflich?** 바스 마헨 지 베루프리히?
아직 확실한 직업은 없습니다.	**Ich habe noch keinen festen Beruf.** 이히 하베 노흐 카이넨 페스텐 베루프
저는 세일즈맨입니다.	**Ich bin Kaufmann.** 이히 빈 카우프만
저는 구매부장입니다.	**Ich bin Einkaufsleiter.** 이히 빈 아인카웁스라이터
어느 회사에서 일하고 계십니까?	**Bei welcher Firma arbeiten Sie?** 바이 벨혀 피르마 아르바이텐 지?
저는 일진사에서 일하고 있습니다.	**Ich arbeite bei der Firma Iljinsa.** 이히 아르바이테 바이 데어 피르마 일진사
저는 프랑크프르트 박람회장에서 일합니다.	**Ich arbeite für die frankfurt Messe.** 이히 아르바이테 퓌어 디 프랑크프르트 메쎄
저는 헤르티사의 판매 메니저입니다.	**Ich bin Einkaufsleiterin bei der Firma Hertie.**

	이히 빈 아인카웁스라이터린 바이 데어 피르마 헤르티
저는 독립해서 일하고 있습니다.	**Ich bin selbstständig.** 이히 빈 젤브스트슈텐디히
저는 회사를 운영하고 있습니다.	**Ich habe meine eigene Firma.** 이히 하베 마이네 아이게네 피르마
당신께 제 동료들을 소개하겠습니다.	**Ich stelle Ihnen meine Kollegen vor.** 이히 슈텔레 이넨 마이네 콜레겐 포어
제가 미스터 박을 소개해도 되겠습니까?	**Darf ich Ihnen Herrn Park vorstellen?** 다르프 이히 이넨 헤른 박 포어슈텔렌?
예, 좋습니다.	**Ja, gerne.** 야, 게어네
그는 한국인입니다.	**Er ist Koreaner.** 에어 이스트 코리아너
그는 독일어를 아주 잘 합니다.	**Er spricht sehr gut Deutsch.** 에어 슈프리히트 제어 굿 도이취
만나보게 되어 기쁩니다.	**Ich freue mich sehr Sie kennen zu lernen.** 이히 프로이에 미히 제어 지 켄넨 쭈 레어넨
저도 그렇습니다.	**Ich freue mich auch.** 이히 프로이에 미히 아우흐
제 비서를 소개해도 되겠습니까?	**Darf ich Ihnen meine Sekretärin vorstellen?** 다르프 이히 이넨 마이네 제크레테린 포어슈텔렌?

독일에 오신 걸 환영합니다.	**Willkommen in Deutschland.** 빌콤멘 인 도이칠란트
서로 잘 모를 겁니다. 제가 소개해도 되겠습니까?	**Sie kennen sich noch nicht. Darf ich vorstellen?** 지 켄넨 지히 노흐 니히트. 다르프 이히 포아슈텔렌?
김군, 이쪽은 박양입니다.	**Herr Kim, Frau Park.** 헤어 킴, 프라우 박
서로 아는 사이니?	**Kennt ihr euch schon?** 켄트 이어 오이히 숀?

[참고단어와 표현]

*직 업

엔지니어	**der Ingenieur**	데어 잉게뉘어
건축업자	**der Bauunternehmer**	데어 바우운터네머
남자 선생님	**der Lehrer**	데어 레러
여 선생님	**die Lehrerin**	디 레러린
남자 비서	**der Sekretär**	데어 제크레테어
여비서	**die Sekretärin**	디 제크레테린
남자 미용사	**der Friseur**	데어 프리주에어
여자 미용사	**die Friseuse**	디 프리쥐제
웨이터	**der Kellner**	데어 켈르너
웨이트리스	**die Kellnerin**	디 켈르너린
전기공	**der Elektriker**	데어 엘렉트리커

한국어	독일어	발음
남자 요리사	der Koch	데어 코흐
여자 요리사	die Köchin	디 쾨힌
경찰관	der Polizist	데어 폴리찌스트
판매원	der Verkäufer	데어 페어코이퍼
기술자	der Mechaniker	데어 메햐니커
통역관	der Dolmetscher	데어 돌메쳐
스튜어디스	die Flugbegleiterin	디 풀룩베글라이터린
배우	der Schauspieler	데어 샤우슈필러
직업이 없는	Arbeitslos	아르바이트로스
무직자	ein Arbeitsloser	아인 아르바이츠로저

일상생활

오늘밤에 TV에서 무엇을 합니까?
Was gibt's heute abends im Fernsehen?
바스 깁츠 호이테 아벤츠 임 페른제엔?

오늘밤엔 축구경기와 뉴스를 합니다.
Heute abends gibt's "Fußball spiel" und "Nachrichten".
호이테 아벤즈 깁츠 "푸쓰발 슈필" 운 "나흐리히텐"

독일어 외에 할 수 있는 다른 언어가 있습니까?
Können Sie außer Deutsch noch andere Sprachen sprechen?
쾬넨 지 아우써 도이치 노흐 안더레 슈프라헨 슈프레헨?

예, 영어도 할 수 있습니다.	**Ja, ich kann auch English sprechen.** 야, 이히 칸 아우흐 엥글리쉬 슈프레헨
넌 무엇에 관심이 있니?	**Wofür interessierst du dich?** 보퓌어 인터레씨어스 두 디히?
나는 음악에 관심이 있어.	**Ich interessiere mich für Musik.** 이히 인터레씨어레 미히 퓌어 무직
졸업 후 무엇을 할 예정입니까?	**Was werden Sie nach Ihrem Studium machen?** 바스 베어덴 지 나흐 이어렘 슈투디움 마헨?
졸업 후에는 회사에서 일할 작정입니다.	**Nach meinem Studium werde ich bei einer Firma arbeiten.** 나흐 마이넴 슈투디움 베어데 이히 바이 아이너 피르마 아르바이텐
누구 생각을 가장 자주 합니까?	**An wen denken Sie oft?** 안 벤 덴켄 지 오프트?
저는 남자친구의 생각을 가장 자주 합니다.	**Ich denke oft an mein Freund.** 이히 덴케 오프트 안 마인 프로인트
누구에게 편지 쓰세요?	**An wen schreiben Sie einen Brief?** 안 벤 슈라이벤 지 아이넨 브리프?
남자친구한테 편지를 씁니다.	**Ich schreibe an meinen Freund.** 이히 슈라이베 안 마이넨 프로인트

뭐가 그리 기쁩니까?	**Worauf freuen Sie sich sehr?** 보라우프 프로이엔 지 지히 제어?
모든 것이 기쁩니다.	**Ich freue mich auf alles.** 이히 프로이에 미히 아우프 알레스
크리스마스라서 좋습니다.	**Ich freue mich auf Weihnachten.** 이히 프로이에 미히 아우프 바이나흐텐
왜 화가 납니까?	**Worüber ärgern Sie sich?** 보뤼버 에르거른 지 지히?
날씨 때문에 화가 납니다.	**Ich ärgere mich über das Wetter.** 이히 에르거레 미히 위버 다스 베터
TV에서 재미 없는 프로를 해서 화가 납니다.	**Ich ärgere mich über die schlechte Sendung im Fernsehen.** 이히 에르거레 미히 위버 디 슐레히테 젠둥 임 페른제엔
독일의 어떤 도시가 가장 아름답다고 생각합니까?	**Welche deutsche Stadt finden Sie am schönsten?** 벨헤 도이체 슈타트 핀덴 지 암 쇤스텐?
비스바덴이 가장 아름답다고 생각합니다.	**Ich finde Wiesbaden am schönsten.** 이히 핀데 비스바덴 암 쇤스텐
넌 뭘 기다리니?	**Worauf wartest du?** 보라우프 바르테스 두?
나는 버스를 기다려.	**Ich warte auf den Bus.** 이히 바르테 아우프 덴 부스

아침에는 무엇을 먹습니까?	**Was essen Sie zum Frühstück?** 바스 에쎈 지 쭘 프뤼슈튁?
나는 계란과 베이컨과 토스트를 아침식사로 먹습니다.	**Ich esse Eier mit Schinken und Brot zum Frühstück.** 이히 에쎄 아이어 밋 쉰켄 운 브로트 쭘 프뤼슈튁
아침에는 무엇을 마십니까?	**Was trinken Sie zum Frühstück?** 바스 트링켄 지 쭘 프뤼슈튁?
나는 주스 한 잔을 마십니다.	**Ich trinke ein Glas Saft.** 이히 트링케 아인 글라스 자프트
독일 사람들은 아침식사에 무엇을 먹습니까?	**Was essen die Deutschen zum Frühstück?** 바스 에쎈 디 도이첸 쭘 프뤼슈튁?
독일사람들은 아침에 버터와 쨈을 곁들여 브뢰첸을 먹습니다.	**Die Deutschen essen Brötchen mit Butter und Marmelade.** 디 도이첸 에쎈 브뢰첸 밋 부터 운 마멜라데 (*부뢰첸 : 겉은 딱딱하고 속은 말랑한 독일빵)
독일사람들은 언제 따뜻한 식사를 합니까?	**Wann essen die Deutschen warm?** 반 에쎈 디 도이첸 바름?
그들은 점심식사에 따뜻한 음식을 먹습니다.	**Die Deuischen essen mittags warm.** 디 도이첸 에쎈 미탁스 바름
당신은 점심으로 무엇을 먹습니까?	**Was essen Sie zum Mittag?** 바스 에쎈 지 쭘 미탁?

나는 호밀빵과 굴라쉬스프와 샐러드를 먹습니다.	**Ich esse ein Vollkornbrot, eine Glaschsuppe und einen Salat.** 이히 에쎄 아인 폴코른브로트, 아이네 굴라쉬주페 운 아이넨 잘라트
점심에는 무엇을 마십니까?	**Was trinken Sie zum Mittag?** 바스 트링켄 지 쭘 미탁?
나는 주스를 마십니다.	**Ich trinke ein Glas Saft.** 이히 트링케 아인 글라스 자프트
물 두 잔을 마십니다.	**Ich trinke zwei Gläser Wasser.** 이히 트링케 쯔바이 글레져 바써
저녁으로는 무엇을 먹습니까?	**Was essen Sie zum Abendessen?** 바스 에쎈 지 쭘 아벤트에쎈?
나는 생선, 감자, 야채를 먹습니다.	**Ich esse Fisch, Kartoffeln und Gemüse.** 이히 에쎄 피쉬, 카토펠른 운 게뮈제
저녁식사에는 무엇을 마십니까?	**Was trinken Sie zum Abendessen?** 바스 트링켄 지 쭘 아벤트에쎈?
포도주를 두 잔 마십니다.	**Ich trinke zwei Gläser Wein.** 이히 트링케 쯔바이 글레져 바인
후식으로는 무엇을 즐겨 먹습니까?	**Was essen Sie gern zum Nachtisch?** 바스 에쎈 지 게른 쭘 나흐티쉬?
나는 과일 아이스크림을 즐겨 먹습니다.	**Ich esse gern ein Obsteis.** 이히 에쎄 게른 아인 옵스트아이스

나는 케이크 한 조각을 즐겨 먹습니다.	**Ich esse gern ein Stück Kuchen.** 이히 에쎄 게른 아인 슈튁 쿠헨
나는 초코케이크를 즐겨 먹습니다.	**Ich esse gern ein Stück Schokoladekuchen.** 이히 에쎄 게른 아인 슈튁 쇼콜라데쿠헨
오늘 언제 일어났습니까?	**Wann sind Sie heute aufgestanden?** 반 진 지 호이테 아우프게슈탄덴?
오늘 6시에 일어났습니다.	**Ich bin heute um sechs aufgestanden.** 이히 빈 호이테 움 젝스 아우프게슈탄덴
주말에는 보통 몇 시에 일어납니까?	**Wann stehen Sie gewöhnlich am Wochenende auf?** 반 슈테엔 지 게뵌리히 암 보헨엔데 아우프?
주말에는 9시 반에 일어납니다.	**Ich stehe am Wochenende um halb zehn Uhr auf.** 이히 슈테에 암 보헨엔데 움 할프 쩬 우어 아우프
외출하면 주로 어디를 갑니까?	**Wohin gehen Sie gern, wenn Sie ausgehen?** 보힌 게엔 지 게른, 벤 지 아우스게엔?
백화점에 주로 갑니다.	**Ich gehe gern ins Kaufhaus.** 이히 게에 게른 인스 카우프하우스
어디에서 쇼핑을 합니까?	**Wo kaufen Sie ein?** 보 카우펜 지 아인?

백화점에서 쇼핑을 합니다.	**Ich kaufe im Kaufhaus ein.** 이히 카우페 임 카우프하우스 아인
한국의 수도는 어디입니까?	**Wie heißt die Hauptstadt von Korea?** 비 하이스트 디 하우프트슈타트 폰 코레아?
한국의 수도는 서울입니다.	**Die Hauptstadt von Korea heißt Seoul.** 디 하우프트 슈타트 폰 코레아 하이스트 서울
한강이 도시입니까?	**Ist der Hangang ein Land?** 이스트 데어 한강 아인 란트?
아니오, 한강은 도시명이 아닙니다. 한강은 강입니다.	**Nein, der Hangang ist kein Land. Der Hangang ist ein Fluß.** 나인, 데어 한강 이스트 카인 란트. 데어 한강 이스트 아인 플루쓰
마인은 강입니까?	**Ist der Main ein Fluß?** 이스트 데어 마인 아인 플루쓰?
네, 마인은 강이름입니다.	**Ja, der Main ist ein Fluß.** 야, 데어 마인 이스트 아인 플루쓰

학교 생활

무엇을 공부합니까?	**Was studieren Sie?** 바스 스튜디렌 지?
독일어를 공부합니다.	**Ich lerne Deutsch.** 이히 레어네 도이치

어떤 공부를 하니?	**Was studierst du?** 바스 스투디어스 두?
실내디자인. 너는?	**Innenarchitektur. Und du?** 인넨아키텍투어. 운 두?
얼마나 더 학교를 다녀야 하나요?	**Wie lange müssen Sie noch weiter studieren?** 비 랑에 뮈쎈 지 노흐 바이터 슈투디렌?
3년을 더 공부해야 끝납니다.	**Ich werde in drei Jahren mit dem Studium fertig sein.** 이히 베어데 인 드라이 야렌 밋 뎀 슈투디움 페어티히 자인
무슨 과목을 가장 잘 하니?	**Welches ist dein bestes Fach?** 벨헤스 이스트 다인 베스테스 파흐?
나는 음악 과목을 잘 해.	**Ich bin gut in Musik.** 이히 빈 굿 인 무직
제일 취약한 과목은 뭐니?	**Was ist dein schlimmstes Fach?** 바스 이스트 다인 슐림스테스 파흐?
나는 수학 과목이 약해.	**Ich bin sehr schlecht in Mathematik.** 이히 빈 제어 슐레히트 인 마테마틱
너는 무슨 과목을 가장 좋아하니?	**Welches Fach gefällt dir am besten?** 벨헤스 파흐 게펠트 디어 암 베스텐?
내가 좋아하는 과목은 화학이야.	**Mein Lieblingsfach ist Chemie.** 마인 리블링스파흐 이스트 셰미

나는 미술 과목을 좋아해.	**Ich mag Malen.** 이히 막 말렌
나는 예술사 과목을 가장 싫어해.	**Kunstgeschichte mag ich gar nicht.** 쿤스트게쉬시테 막 이히 가 니히트
어떤 과목을 공부하니?	**Welche Fächer studierst du?** 벨헤 페혀 슈투디어스 두?
어떤 과목을 가장 싫어하니?	**Welches Fach gefällt dir am wenigsten?** 벨헤스 파흐 게펠트 디어 암 베닉스텐?
몇 명의 학생이 너희 학교에 다니니?	**Wie viele Schüler sind in deiner Schule?** 비 필레 쉴러 진 인 다이너 슐레?
너희 교복은 어때?	**Wie ist deine Schuluniform.** 비 이스트 다이네 슐우니폼
그 후에는 무엇을 할 예정입니까?	**Was werden Sie danach machen?** 바스 베어덴 지 다나흐 마헨?
일을 할 예정입니다.	**Ich werde arbeiten.** 이히 베어데 아르바이트
강의가 언제 있니?	**Wann hast du die Vorlesung?** 반 하스 두 디 포어레중?
10분 후에	**In zehn Minuten** 인 쩬 미누텐
강의는 2시 15분부터 시작합니다.	**Die Vorlesung beginnt erst um Viertel nach zwei.** 디 포어레중 베긴트 에어스트 움 피어텔 나흐 쯔바이

한 번만 더 설명해 주세요.	Können Sie das bitte nochmal erklären? 쾬넨 지 다스 비테 노흐말 에어클레렌?
저는 전혀 이해를 못했습니다.	Ich habe gar nicht verstanden. 이히 하베 가 니히트 페어슈탄덴
너도 여기 대학에서 공부하니?	Studierst du auch hier an der Uni? 슈투디어스 두 아우흐 히어 안 데어 우니?
응, 나는 실내 건축학을 전공해.	Ja, ich studiere Innenarchitektur. 야, 이히 슈투디레 인넨아히텍투어
우리 같이 공부할래?	Wollen wir zusammen lernen? 볼렌 비어 쭈잠멘 레어넨?

[참고단어와 표현]

*과 목

인문학	die Geisteswissenschaft 디 가이스텐비쎈샤프트
자연과학	die Naturwissenschaft 디 나투어비쎈샤프트
사회과학	die Sozialwissenschaft 디 조찌알비쎈샤프트
공학	die Ingenierwissenschaft 디 인제니어비쎈샤프트
독문학	die Germanistik 디 게르마니스틱

영어	**die Angelistik**	디 앙엘리스틱
수학	**die Mathematik**	디 마테마틱
불어	**das Französich**	다스 프란쬐지쉬
물리학	**die Physik**	디 피직
화학	**die Chemie**	디 셰미
생물학	**die Biologie**	디 비올로기
예술학	**die Kunst**	디 쿤스트
정보학	**die Informatik**	디 인포르마틱
음악	**die Musik**	디 무직
역사	**die Geschichte**	디 게쉬히테
체육	**der Sport**	데어 슈포르트
심리학	**die Psychologie**	디 피숄로기
한국어	**Koreanisch**	코레아니쉬
중국어	**Chinesisch**	히네지쉬
일본어	**Japanisch**	야파니쉬

취미

주말에 너는 무엇을 하니?	**Was machst du am Wochenende?** 바스 마흐스 두 암 보헨엔데?
주말에 잠을 자.	**Am Wochenende schlafe ich.** 암 보헨엔데 슐라페 이히

어제 뭐했어?	**Was hast du gestern gemacht?** 바스 하스 두 게스터른 게마흐트?
어제 영어 공부했어.	**Gestern habe ich English gelernt.** 게스터른 하베 이히 엥글리쉬 게레른트
어제 언제 잠자리에 들었어?	**Wann bist du gestern ins Bett gegangen?** 반 비스 두 게스터른 인스 베트 게강엔?
어제 10시에 잠자리에 들었어.	**Ich bin gestern um zehn Uhr ins Bett gegangen.** 이히 빈 게스터른 움 쩬 우어 인스 베트 게강엔
얼마 동안 잤어?	**Wie lange hast du geschlafen?** 비 랑에 하스 두 게슐라펜?
9시간 잤어.	**Ich habe neun Stunden geschlafen.** 이히 하베 노인 슈툰덴 게슐라펜
대학교는 어떻게 다니니?	**Wie kommst du zur Uni?** 비 콤스 두 쭈어 우니?
학교에 전차를 타고 다녀.	**Ich bin mit der Straßenbahn zur Uni gefahren.** 이히 빈 밋 데어 슈트라쎈반 쭈어 우니 게파렌
주말에는 뭘하고 싶니?	**Was möchtest du am Wochenende machen?** 바스 뫼히테스 두 암 보헨엔데 마헨?
집에 있고 싶어.	**Ich möchte zu Hause bleiben.** 이히 뫼히테 쭈 하우제 블라이벤

산책하고 싶어.	**Ich möchte spazieren gehen.** 이히 뫼히테 슈파찌렌 게엔
재킷을 하나 사고 싶어.	**Ich möchte eine Jacke kaufen.** 이히 뫼히테 아이네 약케 카우펜
집에 가고 싶어.	**Ich möchte nach Hause fahren.** 이히 뫼히테 나흐 하우제 파렌
주말에 영화관에서 무엇을 합니까?	**Was gibt's am Wochenende im Kino?** 바스 깁츠 암 보헨엔데 임 키노?
영화관에선 로미오와 줄리엣을 합니다.	**Im Kino läuft "Romeo und Julia".** 임 키노 로이프트 "로메오 운 율리아"
다음 주에 극장에선 무엇을 하나요?	**Was gibt's nächste Woche im Theater?** 바스 깁츠 넥스테 보헤 임 테아터?
극장에선 "파우스트"를 합니다.	**Im Theater gibt's "Faust".** 임 테아터 깁츠 "파우스트"
어떤 신문과 잡지를 즐겨 읽습니까?	**Welche Zeitung und Zeitschriften lesen Sie gern?** 벨헤 짜이퉁 운 짜이트슈리프트 레젠 지 게른?
벨트 신문과 내셔널지오그래픽을 읽습니다.	**Ich lese "die Welt" und "National Geographic".** 이히 레제 "디 벨트" 운 "나찌오날 지오그라픽"
어떤 책을 즐겨 읽으세요?	**Was für Bücher lesen Sie gern?** 바스 퓌어 뷔허 레젠 지 게른?

전문서적을 즐겨 읽습니다.	**Ich lese gern Fachbücher.** 이히 레제 게른 파흐뷔혀	
일본에 관한 책을 즐겨 읽습니다.	**Ich lese gern Bücher über Japan.** 이히 레제 게른 뷔혀 위버 야판	
어떤 음악을 즐겨 듣습니까?	**Was für eine Musik hören Sie gern?** 바스 퓌어 아이네 무직 회렌 지 게른?	
락뮤직을 즐겨 듣습니다.	**Ich höre gern Rockmusik.** 이히 회레 게른 록무직	
클래식을 즐겨 듣습니다.	**Ich höre gern klassische Musik.** 이히 회레 게른 클라지쉐 무직	
어떤 악기를 연주할 수 있나요?	**Welches Instrument können Sie spielen?** 벨헤스 인스투르멘트 쾬넨 지 슈필렌?	
연주할 줄 아는 악기가 없습니다.	**Ich kann kein Instrument spielen.** 이히 칸 카인 인스트루멘트 슈필렌	
드럼을 연주합니다.	**Ich spiele die Trommel.** 이히 슈필레 디 트롬멜	
나는 피아노를 칠 수 있습니다.	**Ich kann Klavier spielen.** 이히 칸 다스 클라비어 슈필렌	
여름에는 무엇을 합니까?	**Was tun Sie im Sommer?** 바스 툰 지 임 좀머?	
여름에 난 테니스를 칩니다.	**Im Sommer spiele ich Tennis.** 임 좀머 슈필레 이히 테니스	

여름에는 수영을 합니다.	**Im Sommer schwimme ich.** 임 좀머 슈빔메 이히
겨울에는 무엇을 합니까?	**Was tun Sie im Winter?** 바스 툰 지 임 빈터?
겨울에는 스키를 탑니다.	**Im Winter laufe ich Ski.** 임 빈터 라우페 이히 쉬
이곳에서 사람들은 무엇을 하고 시간을 보냅니까?	**Was kann man hier zur Unterhaltung tun?** 바스 칸 만 히어 쭈어 운터할퉁 툰?
저녁에는 TV를 봅니다.	**Man kann abends fernsehen.** 만 칸 아벤츠 페른제엔
이곳 사람들은 저녁에 영화를 봅니다.	**Hier kann man abends einen Film sehen.** 히어 칸 만 아벤츠 아이넨 필름 제엔
콘서트를 가거나 술집에서 시간을 보냅니다.	**Zur Unterhaltung kann man hier ins Konzert oder eine Kneipe gehen.** 쭈어 운터할퉁 칸 만 히어 인스 콘쩨르트 오더 아이네 크나이페 게엔
이곳에서 사람들은 영화관에 갑니다.	**Man kann hier ins Kino gehen.** 만 칸 히어 인스 키노 게엔
이 영화 어땠니?	**Was hältst du von dem Film?** 바스 헬테스 두 폰 뎀 필름?
이 영화는 따분해.	**Ich finde den Film langweilig.** 이히 핀데 덴 필름 랑바일리히
이 영화는 흥미진진해.	**Ich finde den Film spannend.** 이히 핀데 덴 필름 슈판넨트

취미가 뭡니까?	**Was ist Ihr Hobby?** 바스 이스트 이어 호비?
어떤 취미를 가지고 계세요?	**Was für Hobbies haben Sie?** 바스 퓌어 호비스 하벤 지?
저는 취미생활 할 시간이 없습니다.	**Für ein Hobby habe ich keine Zeit.** 퓌어 아인 호비 하베 이히 카이네 짜이트
제 취미는 테니스 치는 것입니다.	**Mein Hobby ist Tennis spielen.** 마인 호비 이스트 테니스 슈필렌
제 취미는 스포츠, 독서, 그리고 수영입니다.	**Meine Hobbies sind Sport, Lesen, und Schwimmen.** 마이네 호비스 진 슈포르트, 레젠, 운 슈빔멘
주말에 뭘 하세요?	**Was machen Sie am Wochenende?** 바스 막헨 지 암 보헨엔데?
어디 가는 걸 즐기세요?	**Wo möchten Sie gerne hingehen?** 보 뫼히텐 지 게어네 힌게엔?
우리 극장에 갈까요?	**Wollen wir ins Kino gehen?** 볼렌 비어 인스 키노 게엔?
내가 극장표 요금 낼게요.	**Ich zahle für die Eintrittskarten.** 이히 짤레 퓌어 디 아인트리츠카르텐
죄송해요. 선약이 있어요.	**Tut mir leid, ich habe schon etwas vor.** 투트 미어 라이트, 이히 하베 숀 에트바스 포어

아마 다음 주에는 같이 갈 수 있을 것 같아요.	**Vielleicht können wir nächste Woche gehen.** 필라이히트 퀸넨 비어 넥스테 보헤 게엔
그래 좋아요!	**Das wäre großartig!** 다스 베레 그로스아티히!
나는 코메디 영화를 좋아해요.	**Ich möchte gern einen Komödie-Film sehen.** 이히 뫼히테 게른 아이넨 코뫼디필름 제엔
무슨 영화가 상영되나요?	**Was wird gezeigt?** 바스 비르트 게짜익트?
그 영화 봤는데요.	**Den habe ich schon gesehen.** 덴 하베 이히 숀 게제엔
그 영화에 영어 자막이 나오나요?	**Hat er englische Untertitel?** 핫 에어 엥글리쉐 운터티텔?
어디에서 표를 사야 하지요?	**Wo sollen wir Eintrittskarten bekommen?** 보 졸렌 비어 아인트리츠카르텐 베콤멘?
오늘 저녁 표가 아직 남아 있나요?	**Gibt es noch Karten für heute abend?** 깁 에스 노흐 카르텐 퓌어 호이테 아벤트?
언제 공연이 시작됩니까?	**Wann beginnt die Vorstellung?** 반 베긴트 디 포어슈텔룽?
언제 마지막 공연이 시작됩니까?	**Wann fängt die letzte Vorstellung an?** 반 펭트 디 레쯔테 포어슈텔룽 안?
공연 중간에 쉬는 시간이 있나요?	**Gibt es eine Zwischenpause?** 깁 에스 아이네 쯔비쉔파우제?

공연 좋았니?	**Wie hat dir das Stück gefallen?**
	비 핫 디어 다스 슈튁 게팔렌?
몇 분짜리 영화입니까?	**Wie lange dauert der Film?**
	비 랑에 다우어트 데어 필름?
이 영화는 두 시간 동안 상영합니다.	**Der Film dauert zwei Stunden.**
	데어 필름 다우어트 쯔바이 슈툰덴
영화가 언제 끝납니까?	**Wann ist der Film zu ende?**
	반 이스트 데어 필름 주 엔데?
쇼핑하는 거 좋아합니까?	**Gehen Sie gern einkaufen?**
	게엔 지 게른 아인카우펜?
네, 쇼핑하는 거 좋아합니다.	**Ja, ich gehe gern einkaufen.**
	야, 이히 게에 게른 아인카우펜
아니오, 쇼핑하는 거 좋아하지 않습니다.	**Nein, ich gehe nicht gern einkaufen.**
	나인, 이히 게에 니히트 게른 아인카우펜
여가 시간에는 주로 뭘 하니?	**Was tust du gern in deiner Freizeit?**
	바스 투스 두 게른 인 다이너 프라이짜이트?
뭐하는 게 좋니?	**Was macht dir Spaß?**
	바스 마흐 디어 슈파쓰?
여가 시간에는 피아노를 즐겨 쳐.	**In meiner Freizeit spiele ich gern Klavier.**
	인 마이너 프라이짜이트 슈필레 이히 게른 클라비어
스키 타기를 좋아해.	**Ich laufe gern Ski.**
	이히 라우페 게른 쉬

스케이트 타는 게 재미 있어.	**Es macht mir Spaß, Schlittschuh zu laufen.** 에스 마흐트 미어 슈파쓰, 슐리트슈 쭈 라우펜
나는 여가 시간에 테니스를 쳐.	**In meiner Freizeit spiele ich gern Tennis.** 인 마이너 프라이짜이트 슈필레 이히 게른 테니스
나는 낚시를 좋아해.	**Es macht mir Spaß zu angeln.** 에스 마흐트 미어 슈파스 쭈 앙엘른
많이 읽는 게 중요해.	**Ich finde es wichtig, viel zu lesen.** 이히 핀데 에스 비히티히, 필 쭈 레젠
내 생각에 책을 많이 읽는 것은 중요해.	**Ich finde es wichtig, viele Bücher zu lesen.** 이히 핀데 에스 비히티히, 필레 뷔혀 쭈 레젠
TV를 보는 것은 지루해.	**Ich finde es langweilig fernzusehen.** 이히 핀데 에스 랑바일리히 페른쭈제엔
극장에 갈 시간이 없어.	**Ich habe nie Zeit, ins Theater zu gehen.** 이히 하베 니 짜이트, 인스 테아터 쭈 게엔
나는 춤엔 흥미가 없어.	**Ich habe keine Lust zu tanzen.** 이히 하베 카이네 루스트 쭈 탄쩬
나는 춤추러 가는 걸 좋아해.	**Ich habe Lust, tanzen zu gehen.** 이히 하베 루스트, 탄쩬 쭈 게엔
나는 맥주 마시는 걸 별로 안 좋아해.	**Ich habe keine Lust, Bier zu trinken.** 이히 하베 카이네 루스트, 비어 쭈 트링켄

나랑 극장갈래?	**Hast du Lust, mit mir ins Kino zu gehen?** 하스 두 루스트, 밋 미어 인스 키노 쭈 게엔?
아니, 고맙지만 오늘은 안돼.	**Nein, danke. Heute kann ich nicht.** 나인, 당케. 호이테 칸 이히 니히트
아니, 미안하지만 안 되겠어.	**Nein, ich kann leider nicht.** 나인, 이히 칸 라이더 니히트
어머나, 미안해. 나는 안 되겠어.	**Ach, es tut mir leid, ich kann nicht.** 아흐, 에스 투트 미어 라이트, 이히 칸 니히트
아쉽다. 뭐 할게 있거든.	**Schade. Ich habe schon etwas vor.** 샤데. 이히 하베 숀 에트바스 포어
요트 타는 거 좋아합니까?	**Gehen Sie gerne segeln?** 게엔 지 게어네 제겔른?
나는 축구 경기 관람을 좋아합니다.	**Ich möchte gerne ein Fußballspiel ansehen.** 이히 뫼히테 게어네 아인 푸스발슈필 안제엔
배드민턴 칠래요?	**Wollen wir Federball spielen?** 볼렌 비어 페더발 슈필렌?
테니스 치는 걸 더 좋아해요.	**Ich spiele lieber Tennis.** 이히 슈필레 리버 테니스
수영장은 언제 개장합니까?	**Wann macht das Schwimmbad auf?** 반 마흐트 다스 슈빔바트 아우프?
스케이트장은 언제 폐장합니까?	**Wann schließt die Eisbahn?** 반 슐리스트 디 아이스반?

등산을 좋아합니까?	**Mögen Sie Bergwandern?** 뫼겐 지 베르그반던?
캠핑 공간이 있습니까?	**Haben Sie Platz für ein Zelt?** 하벤 지 플라쯔 퓌어 아인 쩰트?
캠핑카 세울 곳이 있습니까?	**Haben Sie Platz für einen Wohnwagen?** 하벤 지 플라쯔 퓌어 아이넨 본바겐?
우리는 여기에 3일 동안 머물고 싶습니다.	**Wir möchten gerne 3 Nächte bleiben.** 비어 뫼히텐 게어네 드라이 네흐테 블라이벤
우리는 여기에 다음 주 일요일까지 머물 예정입니다.	**Wir möchten gern bis nächsten Sonntag bleiben.** 비어 뫼히텐 게른 비스 넥스텐 존탁 블라이벤
화장실은 어디 있습니까?	**Wo sind die Toiletten?** 보 진 디 토일레텐?
샤워장은 어디 있습니까?	**Wo ist der Duschraum?** 보 이스트 데어 두쉬라움?
휴지통은 어디 있습니까?	**Wo sind die Mülleimer?** 보 진 디 뮐아이머?
캠핑장에 상점이 있습니까?	**Hat der Campingplatz einen Laden?** 핫 데어 캠핑플라쯔 아이넨 라덴?
우리 캠핑카 안에 전기선이 연결되어 있습니까?	**Gibt es einen Stromanschluss für unseren Wohnwagen?** 깁 에스 아이넨 슈트롬안슐루쓰 퓌어 운저렌 본바겐?

------- [참고단어와 표현] -------

*취 미

수영	das Schwimmen	다스 슈빔멘
권투	das Boxen	다스 복센
농구	der Basketball	데어 바스켓발
승마	das Reiten	다스 라이텐
마라톤	der Dauerlauf	데어 다우어라우프
탁구	das Tischtennis	다스 티쉬테니스
싸이클링	das Radfahren	다스 라트파렌
등산	das Bergsteigen	다스 베르그슈타이겐
달리기	laufen	라우펜
낚시	angeln	앙엘른
영화감상	Filme anschauen	필르메 안쇠우엔
음악감상	Musik anhören	무직 안회렌
여행	reisen	라이젠
우표수집	Briefmarken sammeln	브리프마르켄 잠멜른
TV 시청	fernsehen	페른제엔
그림 그리기	malen	말렌
사진촬영	fotografieren	포토그라피어렌

숫자, 시간, 날짜, 계절

오늘이 며칠입니까?	**Welches Datum haben wir heute?** 벨헤스 다툼 하벤 비어 호이테?
3월 28일입니다.	**Wir haben den 28. März.** 비어 하벤 덴 악트운쯔반찍스텐 메르쯔
무슨 요일입니까?	**Welcher Wochentag ist heute?** 벨허 보헨탁 이스트 호이테?
월요일입니다.	**Heute ist Montag.** 호이테 이스트 몬탁
오늘이 무슨 날입니까? [오늘은 어떤 휴일입니까?]	**Was für einen Feiertag haben wir heute?** 바스 퓌어 아이넨 파이어탁 하벤 비어 호이테?
지금 몇 시입니까?	**Wie spät ist es?** 비 슈페트 이스트 에스?
저녁 6시입니다.	**Es ist sechs Uhr abends.** 에스 이스트 젝스 우어 아벤츠
강의가 언제 시작됩니까?	**Wann findet die Vorlesung statt?** 반 핀데트 디 포어레중 슈타트?
9시 반에 시작합니다.	**Sie beginnt um halb zehn.** 지 베긴트 움 할프 첸
강의는 9시 30분에 시작합니다.	**Die Vorlesung beginnt um neun Uhr dreißig.** 디 포어레중 베긴트 움 노인 우어 드라이씨히

강의가 언제 있습니까?	**Wann ist die Vorlesung?** 반 이스트 디 포어레중?
오늘 언제 끝납니까?	**Wann sind Sie heute fertig?** 반 진 지 호이테 페어티히?
오늘은 5시에 끝납니다.	**Ich bin heute um fünf Uhr fertig.** 이히 빈 호이테 움 퓐프 우어 페어티히
12월 31일이 무슨 날입니까?	**Was ist der 31. Dezember?** 바스 이스트 데어 아인운드드라이씨히스텐 데쩸버?
12월 31일은 실버스타입니다.	**Der 31. Dezember ist Silvester.** 데어 아인운드드라이씨히스텐 데쩸버 이스트 실버스터
독일은 언제가 국경일입니까?	**Wann ist Deutscher Nationalfeiertag?** 반 이스트 도이취어 나찌오날파이어탁?
10월 3일이 독일의 국가기념일입니다.	**Der dritte Oktober ist Deutschlands Nationalfeiertag.** 데어 드리테 옥터버 이스트 도이치란츠 나찌오날파이어탁
독일에는 몇 개의 주가 있습니까?	**Wie viele Bundesländer gibt es in Deutschland?** 비 필레 분데스렌더 깁 에스 인 도이치란트?
독일에는 16개의 주가 있습니다.	**Es gibt sechzehn Länder in Deutschland.** 에스 깁 제히첸 렌더 인 도이치란트

오늘 날씨 화창하다, 그치?	**Heute ist ein herrliches Wetter, nicht wahr?** 호이테 이스트 아인 헤얼리헤스 베터, 니히트 바?
응, 날씨 정말 좋다.	**Ja, ein tolles Wetter.** 야, 아인 톨레스 베터
지금 밖의 날씨가 어떻습니까?	**Wie ist das Wetter draußen?** 비 이스트 다스 베터 드라우쎈?
날씨가 좋습니다.	**Das Wetter ist heute schön.** 다스 베터 이스트 호이테 쇤
해가 났어요.	**Es ist sonnig.** 에스 이스트 존니히
오늘 날씨 좋다, 그치?	**Das Wetter ist schön heute, nicht wahr?** 다스 베터 이스트 쇤 호이테, 니히트 바?
응, 정말. 햇빛이 쨍쨍하네.	**Ja, wirklich. Es ist sonning.** 야, 비르크리히. 에스 이스트 존니히
오늘 날씨 너무 나쁘다, 그치?	**Das Wetter ist furchtbar heute, nicht wahr?** 다스 베터 이스트 푸르히트바 호이테, 니히트 바?
응, 정말. 비가 오고 춥네.	**Ja, wirklich. Es ist regnerisch und kalt.** 야, 비르크리히. 에스 이스트 레그네리쉬 운 칼트
응, 내가 생각해도 그래. 춥고 바람이 분다.	**Das finde ich auch. Es ist kalt und windig.** 다스 핀데 이히 아우흐. 에스 이스트 칼트 운 빈디히
바람이 차갑네, 그치?	**Der Wind ist kühl, nicht wahr?** 데어 빈트 이스트 퀼, 니히트 바?

그러게.	**Das finde ich auch.** 다스 핀데 이히 아우흐
괜찮은데. 난 좋아.	**Das macht nichts. Ich finde es toll.** 다스 마흐트 니히츠. 이히 핀데 에스 톨
날씨가 좋아요.	**Es ist nett.** 에스 이스트 네트
날씨가 추워요.	**Es ist kalt.** 에스 이스트 칼트
비가 내리고, 바람이 불어요.	**Es ist regnerisch und windig.** 에스 이스트 레그네리쉬 운 빈디히
좀 흐려요.	**Es ist etwas trüb.** 에스 이스트 에트바스 트륍
안개가 자욱해요.	**Es ist neblig.** 에스 이스트 네블리히
이곳은 항상 여름에 이렇게 덥나요?	**Ist es immer so heiß hier im Sommer?** 이스트 에스 임머 조 하이스 히어 임 좀머?
항상 그렇지는 않아요. 가끔 구름이 끼기도 합니다.	**Nicht immer. Manchmal ist es auch bewölkt.** 니히트 임머. 만히말 이스트 에스 아우흐 베뵐크트
오늘은 아주 춥네요.	**Es ist sehr kalt heute.** 에스 이스트 제어 칼트 호이테
날씨가 꽤 쌀쌀하고 바람이 붑니다.	**Es ist ziemlich kühl und windig.** 에스 이스트 찜리히 퀼 운 빈디히

일기예보에서 주말에 비가 올 거라고 합니다.	**Der Wetterbericht sagt, am Wochenende soll regnen.** 데어 베터베리히트 작, 암 보헨엔데 졸 레그넨

------- [참고단어와 표현] -------

*시 간

한 시	ein Uhr	아인 우어
두 시	zwei Uhr	쯔바이 우어
세 시	drei Uhr	드라이 우어
네 시	vier Uhr	피어 우어
다섯 시	funf Uhr	퓐프 우어
여섯 시	sechs Uhr	젝스 우어
일곱 시	sieben Uhr	지벤 우어
여덟 시	acht Uhr	악트 우어
아홉 시	neun Uhr	노인 우어
열 시	zehn Uhr	쩬 우어
열한 시	elf Uhr	엘프 우어
열두 시	zwölf Uhr	쯔뵐프 우어
한시 반	ein Uhr dreißig	아인 우어 드라이씨히
한시 십분	ein Uhr zehn	아인 우어 쩬
두시 이십분	zwei Uhr zwanzig	쯔바이 우어 쯔반찌히
세시 삼십분	drei Uhr dreißig	드라이 우어 드라이씨히
네시 사십분	vier Uhr vierzig	피어 우어 피어찌히
다섯시 오십분	fünf Uhr fünfzig	퓐프 우어 퓐프찌히

*월

1월	**Januar**	야누아	7월	**Juli**	율리 또는 율라이
2월	**Februar**	페부르아	8월	**August**	아우구스트
3월	**März**	메어쯔	9월	**September**	젭템버
4월	**April**	아프릴	10월	**Oktober**	옥터버
5월	**Mai**	마이	11월	**November**	노벰버
6월	**Juni**	유니	12월	**Dezember**	데쩸버

*계절

봄	**Frühling**	프륄링	가을	**Herbst**	헤릅스트
여름	**Sommer**	좀머	겨울	**Winter**	빈터

● 안부, 초대

어떻게 지내세요?

Wie geht es Ihnen?
비 게에트 에스 이넨?

고마워요. 잘 지내요. 당신은요?

Danke, gut. Und Ihnen?
당케, 굿. 운 이넨?

아주 좋아요. 당신은요?

Prima, danke! Und Ihnen?
프리마, 당케! 운 이넨?

어떻게 지내니?

Wie geht es dir?
비 게에트 에스 디어?

좋아, 너는?

Gut, und dir?
굿, 운 디어?

안색이 안 좋다.	Du siehst schlecht aus. 두 지스트 슐레히트 아우스
무슨 일 있니?	Was ist mit dir los? 바스 이스트 밋 디어 로스?
몰라 나도. 뭐가 문젠지 모르겠어.	Ich weiss nicht, was mit mir los ist. 이히 바이쓰 니히트, 바스 밋 미어 로스 이스트
컨디션이 영 좋지 않아.	Ich fühle mich gar nicht wohl. 이히 퓔레 미히 가 니히트 볼
오, 딱해라!	Oh, du arme! 오, 두 아르메!
오랫만입니다.	Wir haben uns ja schon lange nicht gesehen. 비어 하벤 운스 야 숀 랑에 니히트 게제엔
네, 그러네요.	Ja, das stimmt. 야, 다스 슈팀트
네, 한 몇 달은 못 봤나봐요.	Ja, ich glaube, das war vor ein paar Monaten. 야, 이히 글라우베, 다스 바 포아 아인 파 모나텐
남편은 뭐하고 지내세요?	Was macht Ihr Mann? 바스 마흐트 이어 만?
저희 집에 한번 오시겠어요?	Hätten Sie gern zu mir kommen? 헤텐 지 게른 쭈 미어 콤멘?
네, 그거 좋겠네요.	Ja, das wäre schön. 야, 다스 베레 쇤
일은 어떻게 되고 있니?	Wie geht's mit der Arbeit? 비 게츠 밋 데어 아르바이트?

잘 진행되고 있어.	**Damit geht es vorwärts.** 다밋 게에트 에스 포어베어츠
잘 지냅니다.	**Es geht mir gut.** 에스 게에트 미어 굿
별로 잘 지내지 못합니다.	**Es geht mir schlimm.** 에스 게에트 미어 슐림
잘 못 지내요.	**Es geht mir schlecht.** 에스 게에트 미어 슐레히트
기쁩니다.	**Ich bin froh.** 이히 빈 프로
화가 납니다.	**Ich bin ärgerlich.** 이히 빈 에르거리히
행복합니다.	**Ich bin glücklich.** 이히 빈 그뤽클리히
슬픕니다.	**Ich bin traulich.** 이히 빈 트라우리히
오늘 저녁에 무슨 계획 있으세요?	**Haben Sie heute abends was vor?** 하벤 지 호이테 아벤츠 바스 포어?
아니오, 왜요?	**Nein, warum?** 나언, 바룸?
아니, 오늘은 없는데요.	**Nein, heute nicht.** 나인, 호이테 니히트
시간 있으면 저희 집에 오세요.	**Wenn Sie Zeit haben, kommen Sie zu mir.** 벤 지 짜이트 하벤, 콤멘 지 쭈 미어

제 여자친구와 함께 가도 괜찮을까요?	**Kann Ich mit meiner Feundin zusammen gehen?** 칸 이히 밋 마이너 프로인딘 쭈잠멘 게엔?
예, 당연하지요.	**Ja, klar.** 야, 클라
감사합니다. 친절하군요.	**Danke. Sie sind sehr nett.** 당케. 지 진 제어 네트
케이크 좋아하면, 제가 과일케이크를 구워 드릴까요?	**Essen Sie gern Kuchen? Dann backe ich Ihnen einen Obstkuchen.** 에쎈 지 게른 쿠헨? 단 바케 이히 이넨 아이넨 옵스트쿠헨
어서 오세요, 김양. 들어오세요.	**Herzlich willkommen, Frau Kim. Kommen Sie bitte rein!** 헤어쯔리히 빌콤멘, 프라우 킴. 콤멘 지 비테 라인!
이렇게 와 주셔서 감사합니다.	**Wir freuen uns, dass Sie gekommen sind.** 비어 프로이엔 운스, 다쓰 지 게콤멘 진
앉으세요.	**Nehmen Sie doch Platz.** 네멘 지 도흐 플라쯔
식사는 금방 준비됩니다.	**Das Essen ist gleich fertig.** 다스 에쎈 이스트 글라이히 페어티히
그러면 맛있게 드세요.	**Dann wünsche ich Ihnen einen guten Appetit!** 단 뷘세 이히 이넨 아이넨 구텐 아페티트!
음식이 너무 훌륭했습니다.	**Das Essen war ausgezeichnet.** 다스 에쎈 바 아우스게짜이히네트

파이가 환상적입니다.	**Die Torte war himmlisch!** 디 토르테 바 힘리쉬!
커피 한 잔 드릴까요?	**Darf ich Ihnen einen Kaffee anbieten?** 다르프 이히 이넨 아이넨 카페 안비텐?
초대해 주셔서 감사합니다.	**Vielen Dank für die Einladung.** 필렌 당크 퓌어 디 아인라둥
나랑 외출 할래?	**Kommst du mit mir raus?** 콤스 두 밋 미어 라우스?
미안해 싫어.	**Leider nicht.** 라이더 니히트
뭘 입을까?	**Was soll ich anziehen?** 보 졸 이히 안찌엔?
어디 가는데?	**Wohin gehst du denn?** 보힌 게스 두 덴?
검은 정장 입어.	**Zieh doch deinen schwarzen Anzug an.** 찌 도흐 다이넨 슈바르쩬 안쭉 안
맥주 한 잔 대접해도 될까요?	**Kann ich Sie zu einem Glas Bier einladen?** 칸 이히 지 쭈 아이넴 글라스 비어 아인라덴?
오늘 쉬는 날이니? 그러면 우리 영화보러 갈래.	**Hast du heute frei? Dann wollen wir zusammen ins Kino gehen.** 하스 두 호이테 프라이? 단 볼렌 비어 쭈잠멘 인스 키노 게엔

안돼, 오늘 뭐 할게 있어.	**Nein, Ich habe heute abends noch was vor.** 나인, 이히 하베 호이테 아벤츠 노흐 바스 포어
데리러 올거지?	**Holst du mich ab?** 홀스 두 미히 압?
물론, 일곱 시까지 데리러 갈게.	**Natürlich! Um sieben hole ich dich ab.** 나튀어리히! 움 지벤 홀레 이히 디히 압
영화 어땠어?	**Wie war der Film?** 비 바 데어 필름?
우리 주말에 뭐할래?	**Was wollen wir am Wochenende machen?** 바스 볼렌 비어 암 보헨엔데 마헨?
야외 수영장 가자!	**Gehen wir ins Freibad!** 게엔 비어 인스 프라이바트!
우리 낚시하러 갈래?	**Wollen wir angeln gehen?** 볼렌 비어 앙엘른 게엔?
그래, 좋은 생각이야! 너 언제 시간되니?	**Ja, eine gute Idee! Wann hast du Zeit?** 야, 아이네 굿테 이데! 반 하스 두 짜이트?
내일 어때?	**Morgen. Geht das?** 모르겐. 게 다스?
내일 모레 시간 있는데.	**Übermorgen habe ich Zeit.** 위버모르겐 하베 이히 짜이트
다음 기회에 하자.	**Vielleicht ein anderes Mal.** 필라이히트 아인 안더레스 말

우리 테니스 함께 칠래?	**Wollen wir mal zusammen Tennis spielen?** 볼렌 비어 말 쭈잠맨 테니스 슈필렌?
그래 좋아. 일요일에 시간있니?	**Prima. Hast du denn am Sonntag Zeit?** 프리마. 하스 두 덴 암 존탁 짜이트?
12시 어때?	**Passt dir 12 Uhr?** 파쓰 디어 쯔뵐프 우어?
그래, 좋아.	**Ja, einverstanden.** 야, 아인페어슈탄덴
언제 데리러 갈까?	**Wann soll ich dich abholen?** 반 졸 이히 디히 압홀렌?
오늘은 집에 있을래.	**Ich bleibe heute lieber zu Hause.** 이히 블라이베 호이테 리버 쭈 하우제
좀 나아지면 전화해!	**Ruf mich bitte an, wenn es dir besser geht!** 루프 미히 비테 안, 벤 에스 디어 베써 게트!
그럼, 일요일에 보자.	**Also dann bis Sonntag.** 알조 단 비스 존탁
휴가 계획 세웠니?	**Hast du schon Urlaubspläne?** 하스 두 숀 우얼라웁플레네?
너는 휴가 때 뭐 할건데?	**Und was machst du im Urlaub?** 운 바스 마흐스 두 임 우얼라웁?
이번 휴가에는 집에서 쉬려고.	**Ich bleib diesmal zu Hause.** 이히 블라이브 디제스말 쭈 하우제

나는 우선 쉬고 싶어.	**Ich möchte mich vor allem erholen.** 이히 뫼히테 미히 포어 알렘 에어홀렌
우리 차로 보덴제 갈래?	**Wir wollen mit dem Auto an dem Bodensee?** 비어 볼렌 밋 뎀 아우토 안 뎀 보덴제?
보덴제? 언제?	**An dem Bodensee? Wann denn?** 안 뎀 보덴제? 반 덴?
랄프, 휴가는 어땠니?	**Ralf, wie war der Urlaub?** 랄프, 비 바 데어 우어라웁?
좋았니?	**War es gut?** 바 에스 굿?
지금 삼촌한테 가야 해. 생신이거든!	**Jetzt muss ich zu meiner Onkel. Er hat heute Geburtstag!** 예쯔트 무쓰 이히 쭈 마이너 온켈. 에어 핫 호이테 게부어스탁!
선물 준비했니?	**Hast du denn auch schon ein Geschenk für ihn?** 하스 두 덴 아우흐 숀 아인 게쉥크 퓌어 인?
집들이 언제 할거니?	**Wann feierst du die Einweihung?** 반 파이어스 두 디 아인바이웅?
다음 주에	**Nächstes Wochenende.** 넥스테스 보헨엔데
어제 파티 어땠어?	**Wie war die Fete gestern?** 비 바 디 페테 게스터른?

카스텐도 갔었니?	**War Kasten auch da?** 바 카스텐 아우흐 다?
그래서 너희들 수다 엄청 떨었겠구나?	**Dann habt ihr so viel gequatscht?** 단 합트 이어 조 필 게크바췌트?
그런데 넌 왜 안 온거야?	**Warum warst du denn nicht da?** 바룸 바스 두 덴 니히트 다?

[참고단어와 표현]

*요 일

월요일	**Montag** 몬탁
화요일	**Dienstag** 딘스탁
수요일	**Mittwoch** 미트보흐
목요일	**Donnerstag** 돈너스탁
금요일	**Freitag** 프라이탁
토요일	**Samstag** 잠스탁
일요일	**Sonntag** 존탁

○ 기원, 축하, 감탄

축하합니다!	**Gratuliere!** 그라츄리레!
토요일날 7시에 너희들	**Am Samstag um sieben**

을 다 초대할게.	**Uhr lade ich euch alle ein.** 암 잠스탁 움 지벤 우어 라데 이히 오이히 알레 아인
생일 축하합니다!	**Alles Gute zum Geburtstag!** 알레스 구테 쭘 게부어스탁!
하이케, 진심으로 축하해.	**Herzlichen Glückwunsch, Heike.** 헤어쯔리히 그뤽분쉬, 하이케
너의 21번째 생일에 모든 것이 다 잘 되기를 바란다!	**Ich wünsche dir alles Gute zu deinem einundzwanzigsten Geburtstag!** 이히 뷘쉐 디어 알레스 구테 쭈 다이넴 아인운쯔반찍스텐 게부어스탁!
너의 생일을 축하한다. 하이케!	**Ich gratuliere dir zum Geburtstag, Heike!** 이히 그라추리레 디어 쭘 게부어스탁, 하이케!
여기 선물!	**Hier ist ein Geschenk!** 히어 이스트 아인 게솅크!
나는 생일 선물로 책을 가져왔어!	**Ich bringe dir ein Buch mit!** 이히 브링에 디어 아인 부흐 밋!
네가 이 책을 좋아하길 바란다.	**Ich hoffe, das Buch gefällt dir gut.** 이히 호페, 다스 부흐 게펠트 디어 굿
이럴 수가! 놀랍다.	**So eine Überraschung!** 조 아이네 위버라슝!
훌륭해!	**Toll!** 톨!

아주 좋아!	**Klasse!** 클라쎄!
즐거운 성탄절이 되기를!	**Frohe Weihnachten!** 프로헤 바이나흐텐!
연말 잘 보내세요!	**Guten Rutsch ins neue Jahr!** 구텐 룻취 인스 노이에 야!
새해 복 많이 받으세요!	**Frohes neues Jahr!** 프로에스 노이에스 야!
부활절 잘 보내세요!	**Frohe Ostern!** 프로헤 오스턴!
쾌차 하세요!	**Gute Besserung!** 구테 베써룽!
성공하길!	**Viel Erfolg!** 필 에어폴크!
모든 일이 잘 되기를!	**Alles Gute!** 알레스 구테!
건강하세요! (*보통 상대방이 재치기할 때)	**Gesundheit!** 게준트하이트!
식사 맛있게 하세요!	**Guten Appetit!** 구텐 아펫티드!
잘 되길 빌어요!	**Ich drücke dir die Daumen!** 이히 드뤼케 디어 디 다우멘!
좋은 여행되세요!	**Gute Reise!** 구테 라이제!
휴가 잘 보내세요!	**Einen schönen Urlaub!** 아이넨 쇠넨 우얼라웁!

편안히 쉬세요!	**Einen schönen Aufenthalt!** 아이넨 쇠넨 아우프엔트할트!
방학 잘 보내세요!	**Schöne Ferien!** 쇠네 페리엔!
조심하세요!	**Achtung!** 악퉁!
위험해요!	**Passen Sie auf!** 파쎈 지 아우프!
위험해!	**Paß auf!** 파쓰 아우프!
조심해!	**Vorsicht!** 포어지히트!
기다리세요!	**Warten Sie!** 바르텐 지!
멈추세요!	**Halt!** 할트!
다행이다.	**Gott sei dank.** 곳 자이 당크
건배!	**Zum Wohl!** 쭘 볼!
앵콜!	**Zugabe!** 쭈가베!
너에게 행운이 함께 하길 빈다!	**Ich wünsche dir viel Glück dabei!** 이히 뷘쉐 디어 필 그뤽 다바이!
나쁘지 않아!	**Nicht schlecht!** 니히트 슐레히트!

제길!	**Pech!** 페쉬!
시간을 가져!	**Nimmt dir Zeit!** 님 디어 짜이트!

[참고단어와 표현]

*숫 자

영	null 눌		예순	sechzig 제히찌히
하나	eins 아인스		일흔	siebzig 집찌히
둘	zwei 쯔바이		여든	achtzig 악찌히
셋	drei 드라이		아흔	neunzig 노인찌히
넷	vier 피어		백	hundert 훈더르트
다섯	fünf 퓐프		천	eintausend 아인타우젠트
여섯	sechs 젝스			
일곱	sieben 지벤		만	zehntausend 젠타우젠트
여덟	acht 악트			
아홉	neun 노인		십만	hunderttausend 훈더르트타우젠트
열	zehn 첸			
열하나	elf 엘프		백만	eine Million 아이네 밀리온
열둘	Zwölf 쯔뵐프			
스물	zwanzig 쯔반찌히		천만	zehn Millionen 첸 밀리오넨
서른	dreißig 드라이씨히		첫 번째	Erste 에어스테
마흔	vierzig 피어찌히		두 번째	Zweite 쯔바이테
쉰	fünfzig 퓐프찌히		세 번째	Dritte 드리테

네 번째	**Vierte** 피어테	여덟 번째	**Achte** 악테
다섯 번째	**Fünfte** 퓐프테	아홉 번째	**Neunte** 노인테
여섯 번째	**Sechste** 젝스테	열 번째	**Zehnte** 쩬테
일곱 번째	**Siebte** 집테		

그 밖의 표현

정말?	**Wirklich?** 비어클리히?
진짜?	**Echt?** 에히트?
당연하지!	**Natürlich!** 나튀얼리히!
제 말 이해하시겠습니까?	**Verstehen Sie mich?** 페어슈테엔 지 미히?
알아듣지 못했습니다.	**Ich habe Sie nicht verstanden.** 이히 하베 지 니히트 페어슈탄덴
이해가 안 되는데요.	**Ich verstehe Sie nicht.** 이히 페어슈테헤 지 니히트
어떻게 생각하세요?	**Was meinen Sie?** 바스 마이넨 지?
다시 한번 말씀해 주세요.	**Sprechen Sie bitte nochmal.** 슈프레헨 지 비테 노흐말

천천히 말씀해 주세요!	**Sprechen Sie bitte langsam!** 슈프레헨 지 비테 랑잠!
써 주실 수 있으세요?	**Könnten Sie das bitte buchstabieren?** 쾬텐 지 다스 비테 부흐슈타비어렌?
다시 한번 설명해 주시겠어요?	**Könnten Sie das bitte nochmals erklaren?** 쾬텐 지 다스 비테 노흐말 에어클레렌?
어떻게 읽지요?	**Wie spricht man das aus?** 비 슈프리히트 만 다스 아우스?
독일어로는 어떻게 말하지요?	**Wie sagt man das auf Deutsch?** 비 작트 만 다스 아우프 도이취?
무슨 뜻이죠?	**Was bedeutet das?** 바스 베도이텔 다스?
다시 한번만 반복해 주세요.	**Könnten Sie das bitte wiederholen.** 쾬텐 지 다스 비테 비더홀렌
이게 뭐지요?	**Was ist das?** 바스 이스트 다스?
말도 안돼!	**Quatsch!** 크바취!
아주 좋아!	**Wunderbar!** 분더바!
어쨌거나	**Auf jeden Fall.** 아우프 예덴 팔
안타깝다.	**Schade.** 샤데

다시 말해 주세요. [뭐라고 하셨죠?]	Wie bitte? 비 비테?
나는 그것에 찬성합니다.	Ich bin dafür. 이히 빈 다퓌어
저는 그렇게 생각합니다.	Ich glaube schon. 이히 글라우베 숀
나는 그것에 반대합니다.	Ich bin dagegen. 이히 빈 다게겐
나는 아무래도 상관없습니다.	Mir ist egal. 미어 이스트 에갈
그것에 대해 어떻게 생각하세요?	Was meinen Sie dazu? 바스 마이넨 지 다쭈?
나는 그것에 동의합니다.	Ich bin damit einverstanden. 이히 빈 다밋 아인페어슈탄덴
내 생각은 다릅니다.	Ich bin anderer Meinung. 이히 빈 안더러 마이눙
나는 그것에 만족합니다.	Ich bin damit zufrieden. 이히 빈 다밋 쭈프리덴
나는 그것에 만족하지 않습니다.	Ich bin damit unzufrieden. 이히 빈 다밋 운쭈프리덴
그게 무슨 말인가요?	Was meinen Sie damit? 바스 마이넨 지 다밋?
나는 그것에 관심이 있습니다.	Ich bin daran interessiert. 이히 빈 다란 인터레씨어트
나는 그것에 관심이 없습니다.	Ich bin daran nicht interessiert. 이히 빈 다란 니히트 인터레씨어트

관심 없습니다.	**Ich habe keine Lust.** 이히 하베 카이네 루스트
저는 이만 가봐야 합니다.	**Ich muß jetzt gehen.** 이히 무쓰 에쯔트 게엔
가보셔야 한다구요?	**Müssen Sie schon gehen?** 뮈쎈 지 숀 게엔?
아쉽습니다.	**Das ist aber schade.** 다스 이스트 아버 샤데
죄송합니다. 다시 한번 말씀해 주세요.	**Verzeihung Sagen Sie das bitte noch mal.** 페어짜이웅 자겐 지 다스 비테 노흐 말
우리 반말 할래?	**Wollen wir uns duzen?** 볼렌 비어 운스 두쩬?
왜 아니겠니?	**Warum nicht?** 바룸 니히트?
확실해?	**Bist du sicher?** 비스 두 지혀?

[참고단어와 표현]

*동 물

개	der Hund 데어 훈트		거위	die Gans 디 간스
고양이	die Katze 디 카쩨		말	das Pferd 다스 페르드
새	der Vogel 데어 포겔			
닭	das Huhn 다스 훈		쥐	die Maus 디 마우스
오리	die Ente 디 엔테		소	die Kuh 디 쿠

돼지	**das Schwein** 다스 슈바인	양	**das Schaf** 다스 샤프
물고기	**der Fisch** 데어 피쉬	벌레	**das Insekt** 다스 인젝트

*국 가

독일	**Deutschland**	도이칠란트
오스트리아	**Österreich**	외스터라이히
아일랜드	**Irland**	이어란트
한국	**Korea**	코레아
영국	**England**	엥글란트
일본	**Japan**	야판
캐나다	**Kanada**	카나다
중국	**China**	히나
미국	**Amerika**	아메리카
스위스	**die Schweiz**	디 슈바이쯔
호주	**Australien**	아우스트랄리엔
이태리	**Italien**	이탈리엔
모로코	**Marokko**	마로코
터키	**Türkei**	튀르카이

*독일의 국경일

새해	**Neujahr**	노이야
동방박사의 날	**Heilige Drei Könige**	하일리게 드라이 쾨니게

성금요일 : 부활절 전 금요일	**Karfreitag** 카프라이탁
부활절 일요일	**Ostersonntag** 오스터존탁
부활절 월요일	**Ostermontag** 오스터몬탁
노동절	**Maifeiertag** 마이파이어탁
그리스도 승천일	**Christi Himmelfahrt** 크리스트 힘멜파르트
성령 강림절 일요일	**Pfingstsonntag** 핑스트존탁
성령 강림절 월요일	**Pfingstmontag** 핑스트몬탁
성체 축일	**Fronleichnam** 프론라이히남
성모 승천일	**Maria Himmelfahrt** 마리아 힘멜파르트
통일 기념일	**Tag der Deutschen Einheit** 탁 데어 도이첸 아인하이트
종교개혁일	**Reformationstag** 레포르마찌온스탁
만성절	**Allerheiligen** 알러하일리겐
속죄일	**Buß – und Bettag** 부쓰 운 베트탁
크리스마스	**Weihnacht** 바이나흐트

02 공항에서

항공권 예약

루프트한자입니다. 무엇을 도와 드릴까요?	**Lufthansa. Was soll ich für Sie tun?** 루프트한자, 바스 졸 이히 퓌어 지 툰?
베를린 항공편을 예약하고 싶습니다.	**Ich möchte einen Flug nach Berlin reservieren.** 이히 뫼흐테 아이넨 플룩 나흐 베르린 레저비어렌
이름이 무엇입니까?	**Wie heißen Sie?** 비 하이쎈 지?
제 이름은 김하나입니다.	**Ich heiße Ha-na Kim.** 이히 하이쎄 하나 킴
언제 떠나실 예정인가요?	**Wann wollen Sie abfliegen?** 반 볼렌 지 압플리겐?
이번 주 금요일이요.	**Diesen Freitag.** 디이젠 프라이탁
편도로 드릴까요, 왕복으로 드릴까요?	**Einfahrt nur hin oder hin und zurück?** 아인파르트 누어 힌 오더 힌 운 쭈뤽?
왕복으로 주세요!	**Hin und zurück, bitte!** 힌 운 쭈뤽, 비테!

베를린행 항공권 두 장 주세요.	**Geben Sie mir Zwei Flugkarten nach Berlin.** 게벤 지 미어 쯔바이 플룩카르텐 나흐 베를린
파리로 가는 다음 비행기는 언제 있습니까?	**Wann ist der nächste Flug nach Paris?** 반 이스트 데어 넥스테 플룩 나흐 파리스?
오늘 저녁 본으로 가는 비행기가 있나요?	**Gibt es heute Abend einen Flug nach Bonn?** 깁 에스 호이테 아벤트 아이넨 플룩 나흐 본?
비행기가 정시에 출발하나요?	**Wird das Flugzeug pünktlich abfliegen?** 비르트 다스 플룩쪼이그 퓐크트리히 압플리겐?
다른 비행기로 바꾸고 싶습니다.	**Ich möchte Flüge wechseln.** 이히 뫼히테 플뤼게 벡셀른
베를린에서 오는 비행기의 도착시간을 알 수 있습니까?	**Können Sie die Ankunftszeit des Flugzeuges von Berlin bestätigen?** 쾬넨 지 디 안쿤프트짜이트 데스 플룩쪼이게스 폰 베를린 베슈테티겐?
본행 비행기의 출발시간을 알 수 있습니까?	**Können Sie die Abflugszeit für den Flug nach Bonn bestätigen?** 쾬넨 지 디 압풀룩스짜이트 퓌어 덴 플룩 나흐 본 베슈테티겐?
쾰른까지 가는 항공권은 얼마인가요?	**Was kostet es nach Köln?** 바스 코스텔 에스 나흐 쾰른?
예약을 확인하고 싶습니다.	**Ich möchte meinen Flug bestätigen.** 이히 뫼히테 마이넨 플룩 베슈테티겐

예약을 취소하고 싶습니다.	**Ich möchte diese Reservierung abstellen.** 이히 뫼히테 디이제 레저비어룽 압슈텔렌
예약을 변경하고 싶습니다.	**Ich möchte umbuchen.** 이히 뫼히테 움부헨
면세점이 어디인가요?	**Wo ist der zollfreier Laden?** 보 이스트 데어 쫄프라이어 라덴?

------[참고단어와 표현]------

*기 내

승무원	**der Stewardess**	데어 슈테바르데스
기장	**der Kapitän**	데어 카피텐
안전벨트	**die Sicherheitsgürtel**	디 지혀하이츠귀어텔
독서등	**die Leselampe**	디 레제람페
금연	**Rauchen verboten**	라우헨 페어보텐

기내 자리 안내

내 자리가 어디지요?	**Wo ist mein Platz?** 보 이스트 마인 플랏쯔?
탑승권을 보여 주시겠습니까?	**Zeigen Sie bitte Ihr Flugticket?** 짜이겐 지 비테 이어 플룩티켓?

손님 좌석은 23-C입니다.	**Ihre Sitznummer ist 23-C.** 이어레 짓쯔눔머 이스트 드라이운쯔반찌히 체
좌석 10-B는 어디입니까?	**Wo ist die Sitznummer 10-B?** 보 이스트 디 짓쯔눔머 첸 베?
이쪽으로 오십시오.	**Kommen Sie bitte hierher.** 콤멘 지 비테 히어헤어
저를 따라 오세요.	**Folgen Sie mir.** 폴겐 지 미어
지나가도 될까요?	**Darf ich mal durch?** 다르프 이히 말 두르히?
잠깐 지나가도 될까요?	**Darf ich kurz vorbei?** 다르프 이히 쿠어쯔 포바이?
네, 그러세요.	**Bitte, schön.** 비테, 쇤
제가 창가 쪽으로 앉아도 될까요?	**Kann ich mich ans Fenster setzen?** 칸 이히 미히 안스 펜스터 젯쩬?
자리 좀 바꾸어 주실래요?	**Könnten Sie den Platz tauschen?** 쾬텐 지 덴 플랏쯔 타우셴?
죄송합니다만 여기는 제 자리인 것 같은데요.	**Entschuldigung, hier ist mein Platz.** 엔트슐디궁, 히어 이스트 마인 플랏쯔
짐을 이곳에 두어도 될까요?	**Darf ich mein Gepäck hier stehen lassen?** 다르프 이히 마인 게펙 히어 슈테엔 라쎈?

한국에서 독일까지 비행 시간은 얼마나 걸리나요?	**Wie lange dauert der Flug von Korea nach Deutschland?** 비 랑에 다우어트 데어 플룩 폰 코레아 나흐 도이치란트?
약 10시간 걸립니다.	**Etwa 10 Stunden.** 에트바 첸 슈툰덴
안전벨트를 착용해 주세요.	**Bitte Sicherheitsgürtel befestigen.** 비테 지혀하이츠귀어텔 베페스티겐
여기서 담배를 피워도 되나요?	**Darf ich hier rauchen?** 다르프 이히 히어 라우헨?
아니오, 실내에서는 담배를 피울 수 없습니다.	**Nein, im Innenraum darf man nicht rauchen.** 나인, 임 인넨라움 다르프 만 니히트 라우헨
여기서는 흡연이 금지되어 있습니다.	**Hier ist Rauchen verboten.** 히어 이스트 라우헨 페어보텐
여기서 담배를 피우면 안 됩니다.	**Sie dürfen hier nicht rauchen.** 지 뒤어펜 히어 니히트 라우헨

● 기내 서비스

드실 것을 좀 드릴까요?	**Möchten Sie gerne etwas essen?** 뫼히텐 지 게어네 에트바스 에쎈?
마실 것을 좀 드릴까요?	**Möchten Sie gerne etwas trinken?** 뫼히텐 지 게어네 에스바스 트링켄?

음료수 드시겠습니까?	**Möchten Sie etwas trinken?** 뫼히텐 지 에트바스 트링켄?
음료는 무엇으로 하시겠습니까?	**Was wollen Sie zum Trinken?** 바스 볼렌 지 쭘 트링켄?
오렌지쥬스와 사과쥬스 중 어떤 것을 드릴까요?	**Wollen Sie Orangensaft oder Apfelsaft?** 볼렌 지 오랑젠자프트 오더 앞펠자프트?
녹차 주세요.	**Ich nehme grünen Tee.** 이히 네메 그뤼넨 테
커피로 주세요.	**Für mich eine Tasse Kaffe.** 퓌어 미히 아이네 타쎄 카페
포도주 한 잔 부탁합니다.	**Ich hätte gerne ein Glas Wein.** 이히 헤테 게어네 아인 글라스 바인
물 좀 주세요!	**Ein Glas Wasser, bitte!** 아인 글라스 바써, 비테!
물 한 잔 더 주세요!	**Noch ein Glas Wasser, bitte!** 노흐 아인 글라스 바써, 비테!
식사는 무엇으로 하시겠습니까?	**Was wollen Sie zum Essen?** 바스 볼렌 지 쭘 에센?
닭고기와 쇠고기 중 무엇을 드시겠습니까?	**Wollen Sie Hähnchen oder Rindfleisch?** 볼렌 지 헨셴 오더 린트플라이쉬?
야채로 주세요.	**Ich nehme Gemüse.** 이히 네메 게뮤제
생선 요리로 주세요.	**Ich hätte gerne den Fisch.** 이히 헤테 게어네 덴 피쉬

감사합니다. 하지만 배가 고프지 않습니다.	**Nein, Danke, ich habe keinen Hunger.** 나인, 당케, 이히 하베 카이넨 훙어
식사 다 하셨습니까?	**Ist das Essen fertig?** 이스트 다스 에쎈 페어티히?
네, 다 먹었습니다.	**Ja, Ich bin schon fertig.** 야, 이히 빈 숀 페어티히
연필과 종이를 좀 주시겠습니까?	**Kann ich Papier und einen Kugelschreiber haben?** 칸 이히 파피어 운 아이넨 쿠겔슈라이버 하벤?
입국카드를 어떻게 작성하지요?	**Wie füllt man die Einreisekarte aus?** 비 퓔트 만 디 아인라이제카르테 아우스?
한 장 더 주시겠습니까?	**Kann ich noch eine Karte mehr haben?** 칸 이히 노흐 아이네 카르테 메어 하벤?
예, 여기 있습니다.	**Ja, hier bitte.** 야, 히어 비테
제 입국카드 좀 봐 주시겠어요?	**Können Sie meine Einreisekarte durchlesen?** 쾬넨 지 마이네 아인라이제카르테 두르히레젠?
여기에 무엇을 써야 하나요?	**Was soll ich hier einschreiben?** 바스 졸 이히 히어 아인슈라이벤?

[참고단어와 표현]

*메뉴

쇠고기	das Rindfleisch	다스 린트플라이쉬
돼지고기	das Schweinefleisch	다스 슈바이네플라이쉬
닭고기	das Hähnchen	다스 헨셴
생선	der Fisch	데어 피쉬

기내 면세품 구입

면세품 목록 좀 보여 주세요.	**Zeigen Sie bitte die zollfreie Artikelliste.** 짜이겐 지 비테 디 쫄프라이에 아티켈리스테
이것은 무엇입니까?	**Was ist das?** 바스 이스트 다스?
여자 향수 있나요?	**Haben Sie Parfüms für Frauen?** 하벤 지 파퓸스 퓌어 프라우엔?
다른 것은 없나요?	**Haben Sie auch andere?** 하벤 지 아우흐 안더레?
이걸로 사겠습니다.	**Ich nehme das.** 이히 네메 다스
모두 얼마입니까?	**Wie viel kostet das zusammen?** 비필 코스텔 다스 쭈잠멘?

150유로입니다.	**Das kostet 150 Euro.** 다스 코스텥 아인훈더르트퓐프찌히 오이로
담배 있습니까?	**Haben Sie Zigarette?** 하벤 지 찌가렛테?
한 보루 주세요.	**Geben Sie mir eine Stange.** 게벤 지 미어 아이네 슈탕에
신용카드로 계산해도 되나요?	**Darf ich mit Kreditkarte bezahlen?** 다르프 이히 밋 크레디트카르테 베짤렌?
달러로 계산해도 되나요?	**Kann ich mit Dollar bezahlen?** 칸 이히 밋 돌라 베짤렌?

비행기 환승 경유

갈아 타시나요?	**Steigen Sie um?** 슈타이겐 지 움?
네, 저는 환승객입니다.	**Ja, Ich bin Transitpassagier.** 야, 이히 빈 트란짓파싸지어
여기서 프랑크푸르트로 가는 비행기를 갈아타려고 합니다.	**Ich will hier nach Frankfurt umsteigen.** 이히 빌 히어 나흐 프랑크프르트 움슈타이겐
어디에서 갈아타야 하지요?	**Wo soll ich umsteigen?** 보 졸 이히 움슈타이겐?
여기에서 얼마 동안 기다려야 하나요?	**Wie lange soll ich hier warten?** 비 랑에 졸 이히 히어 바르텐?

두 시간 동안 기다리게 됩니다.	**2 Stunde.** 쯔바이 슈툰데
비행기를 놓쳤어요.	**Ich verpasste mein Flugzeug.** 이히 페어파스테 마인 플룩쪼이크

◯ 입국심사

독일어를 하십니까?	**Sprechen Sie Deutsch?** 스프레헨 지 도이치?
예, 조금합니다.	**Ja, ein bisschen.** 야, 아인 비쎈
저는 독일어를 잘 못합니다.	**Nein, ich kann Deutsch nicht gut.** 나인, 이히 칸 도이치 니히트 굿
여권을 보여주세요.	**Bitte, zeigen Sie Ihren Pass.** 비테, 짜이겐 지 이어렌 파스
여기 있습니다.	**Hier ist mein Pass.** 히어 이스트 마인 파스
이름이 뭡니까?	**Wie heißen Sie?** 비 하이센 지?
저는 김하나입니다. 성은 김입니다.	**Ich heiße Ha-na Kim. Kim ist mein Nachname.** 이히 하이쎄 하나 킴. 킴 이스트 마인 나흐나메
어디에서 오셨습니까?	**Woher kommen Sie?** 보헤어 콤멘 지?

한국에서 왔습니다.	**Ich komme aus Korea.** 이히 콤메 아우스 코레아
저는 한국인입니다.	**Ich bin Koreaner.** 이히 빈 코레아너
직업이 무엇입니까?	**Was sind Sie von Beruf?** 바스 진 지 폰 베루프?
학생입니다.	**Ich bin Schüler.** 이히 빈 쉴러
대학생입니다.	**Ich bin Student.** 이히 빈 슈투덴트
회사원입니다.	**Ich bin Firmenangestellter.** 이히 빈 피르멘안게슈텔터
독일에는 무슨 일로 왔나요?	**Zu welchem Zweck sind Sie nach Deutschland gekommen?** 쭈 벨헴 쯔벡 진 지 나흐 도이치란트 게콤멘?
여행 목적이 무엇입니까?	**Was ist Ihr Reisezweck?** 바스 이스트 이어 라이제쯔벡?
관광하러 왔습니다.	**Ich bin Tourist.** 이히 빈 투어리스트
출장왔습니다.	**Ich mache eine Geschäftsreise.** 이히 마헤 아이네 게셰프츠라이제
친구들을 방문하려고 왔습니다.	**Ich besuche meine Freunde.** 이히 베주헤 마이네 프로인데
한국에는 처음 왔습니까?	**Sind Sie zum ersten Mal in Korea?** 진 지 쭘 에어스텐 말 인 코레아?

네, 그렇습니다.	**Ja.** 야
이곳에 얼마 동안 머무를 예정입니까?	**Wie lange bleiben Sie hier?** 비 랑에 블라이벤 지 히어?
독일에 언제까지 머물 겁니까?	**Bis wann bleiben Sie in Deutschland?** 비스 반 블라이벤 지 인 도이치란트?
다시 한번 말씀해 주실 수 있습니까?	**Sagen Sie es bitte noch mal?** 자겐 지 에스 비테 노흐말?
10일간입니다.	**10 Tage.** 첸 타게
두 달 있을 예정입니다.	**Zwei Monate.** 쯔바이 모나테
독일에 오신 걸 환영합니다!	**Herzlich willkommen in Deutschland!** 헤어쯔리히 빌콤멘 인 도이치란트!

[참고단어와 표현]

회사	**die Firma**	디 피르마
성	**der Nachname**	데어 나흐나메
이름	**der Vorname**	데어 포어나메
주소	**die Adresse**	디 아드레쎄
직업	**der Beruf**	데어 베루프

세관 통과

신고할 물건이 있습니까?	**Haben Sie etwas zu verzollen?** 하벤 지 에트바스 쭈 페어쫄렌?
없습니다.	**Nein, ich habe nichts.** 나인, 이히 하베 니히츠
네, 있습니다.	**Ja.** 야
가방 좀 열어 주세요.	**Bitte, Machen Sie Ihren Koffer auf.** 비테, 마헨 지 이어렌 코퍼 아우프
이것은 무엇입니까?	**Was ist das?** 바스 이스트 다스?
친구에게 줄 선물입니다.	**Das ist ein Geschenk für meine Freunde.** 다스 이스트 아인 게쉥크 퓌어 마이네 프로인데
관세를 내야 합니다.	**Sie müssen dafür Zoll bezahlen.** 지 뮈쎈 다퓌어 쫄 베짤렌
세관으로 가주십시오.	**Gehen Sie zum Zollamt.** 게엔 지 쭘 쫄암트
됐습니다.	**In Ordnung.** 인 오르드눙

환전하기

어디에서 환전할 수 있나요?	**Wo kann ich Geld wechseln?** 보 칸 이히 겔트 벡셀른?
옆창구에서 바꾸세요.	**Am Schalter nebenan.** 암 솰터 네벤안
이 근처에 은행이 있나요?	**Gibt es eine Bank in der Nähe von hier?** 깁 에스 아이네 방크 인 데어 네에 폰 히어?
환전하고 싶습니다.	**Ich möchte Geld wechseln.** 이히 뫼히테 겔트 벡셀른
여기서 달러를 바꿀 수 있나요?	**Kann ich hier Dollars wechseln?** 칸 이히 히어 돌라스 벡셀른?
유로화로 바꾸어 주시겠습니까?	**Würden Sie mir dieses Geld in Euro wechseln?** 뷔르덴 지 미어 디제스 겔트 인 오이로 벡셀른?
얼마나요?	**Wie viel?** 비 필?
얼마나 바꾸려고 하세요?	**Wie viel möchten Sie wechseln?** 비 필 뫼히텐 지 벡셀른?
어떻게 바꿔 드릴까요?	**Wie wollen Sie es wechseln?** 비 볼렌 지 에스 벡셀른?
유로화로 바꿔 주세요.	**Bitte, in Euro.** 비테, 인 오이로

100달러를 유로로 바꿔 주세요.	**Ich möchte 100 Dollar in Euro wechseln.** 이히 뫼히테 훈더르트 돌라 인 오이로 벡셀른
100유로를 잔돈으로 바꿔 줄 수 있으세요?	**Können Sie mir den Hunderteuroschein klein machen?** 쾬넨 지 미어 덴 훈더르트오이로샤인 클라인 막헨?
어떻게 드릴까요?	**Wie wollen Sie es haben?** 비 볼렌 지 에스 하벤?
50유로 한 장하고, 10유로짜리로 5개 주세요.	**Einen Fünfziger Euroschein und fünf Zehner.** 아이넨 퓐프찌거 오이로샤인 운 퓐프 쩨너
여기서 여행자수표를 현금으로 바꿀 수 있나요?	**Kann ich hier Reiseschecks in Bargeld einlösen?** 칸 이히 히어 라이제쉑스 인 바겔트 아이뢰젠?
예, 그렇습니다.	**Ja, natürlich.** 야, 나튀어리히
신분증을 보여 주세요!	**Zeigen Sie mir Ihren Ausweis bitte!** 짜이겐 지 미어 이어렌 아우스바이스 비테!
여기 제 여권이 있습니다.	**Hier ist mein Pass.** 히어 이스트 마인 파스

03 관광 안내소

관광 안내

어서 오세요. 무엇을 도 와드릴까요?

Guten Tag. Was kann ich für Sie tun?
구텐 탁. 바스 칸 이히 퓌어 지 툰?

가까이에 유스호스텔이 있나요?

Gibt es hier Jugendherberge in der Nähe?
깁 에스 히어 유겐트헤어베르게 인 데어 네에?

예, 걸어서 10분 거리에 있습니다.

Ja, 10 Minuten weit von hier, zu Fuß.
야, 첸 미누텐 바이트 폰 히어, 쭈 푸스

아니오, 없습니다.

Nein, es gibt keine.
나인, 에스 깁 카이네

호텔을 예약하고 싶어요.

Ich möchte ein Hotelzimmer reservieren.
이히 뫼히테 아인 호텔찜머 레저비어렌

어떤 호텔을 원하세요?

Was für ein Hotel möchten Sie?
바스 퓌어 아인 호텔 뫼히텐 지?

공항으로 가는 버스가 있나요?

Gibt es einen Bus zum Flughafen?
깁 에스 아이넨 부스 쭘 플룩하펜?

저렴한 호텔을 추천해 주시겠어요?	**Können Sie mir ein günstiges Hotel empfehlen?** 쾬넨 지 미어 아인 귄스티게스 호텔 엠펠렌?
가격은 어느 정도를 원하세요?	**Welche Preislage wünschen Sie?** 벨헤 프라이스라게 뷘쉔 지?
한 50유로 정도면 좋겠습니다.	**Ungefähr 50 Euro.** 운게페어 퓐프찌히 오이로
네, 좋아요. 예약해 주세요.	**Ja, gut. Reservieren Sie bitte das Zimmer für mich.** 야, 굿. 레저비어렌 지 비테 다스 찜머 퓌어 미히
이 방을 빌리겠습니다.	**Ich nehme das Zimmer.** 이히 네메 다스 찜머
여기에서 멉니까?	**Ist es weit von hier?** 이스트 에스 바이트 폰 히어?
걸어서 갈 수 있나요?	**Kann man dorthin zu Fuß gehen?** 칸 만 도르트힌 쭈 푸쓰 게엔?
여기 택시가 어디에 있습니까?	**Wo gibt es hier ein Taxi?** 보 깁 에스 히어 아인 탁씨?
베를린에서 무엇을 보길 원합니까?	**Was wollen Sie in Berlin sehen?** 바스 볼렌 지 인 베르린 제엔?
브란덴브르그 문을 구경하고 싶습니다.	**Ich will das Brandenburger Tor besichtigen.** 이히 빌 다스 브란데부르거 토어 베지히티겐

박물관 섬을 보고 싶습니다.	**Ich will die Museumsinsel sehen.** 이히 빌 디 우제움스인젤 제엔
성극장을 보고 싶습니다.	**Ich will das Burgtheater besuchen.** 이히 빌 다스 부르그테아터 베주헨
시청을 볼 예정입니다.	**Ich will das Rathaus sehen.** 이히 빌 다스 라트하우스 제엔
베를린에서는 무엇을 하실 수 있나요?	**Was können Sie in Berlin machen?** 바스 쾬넨 지 인 베르린 마헨?
오페라를 보러 갈 수 있습니다.	**Ich kann die Oper besuchen.** 이히 칸 디 오퍼 베주헨
모차르트의 마술피리를 들을 수 있습니다.	**Ich kann Mozarts Zauberflöte hören.** 이히 칸 모짜르츠 자우버플뤼테 회렌
독일에서는 어디에서 숙박을 할 수 있습니까?	**Wo kann man in Deutschland übernachten?** 보 칸 만 인 도이치란트 위버나흐텐?
유스호스텔에서 묵을 수 있습니다.	**Man kann in einer Jugendherberge übernachten.** 만 칸 인 아이너 유겐트헤어베르게 위버나흐텐
펜션에서 묵을 수 있습니다.	**Man kann in einer Pension übernachten.** 만 칸 인 아이너 팡지온 위버나흐텐
게스트하우스에서 묵을 수 있습니다.	**Man kann in einem Gasthaus übernachten.** 만 칸 인 아이넴 가스트하우스 위버나흐텐

호텔에서 묵을 수 있습니다.	**Man kann in einem Hotel übernachten.** 만 칸 인 아이넴 호텔 위버나흐텐
제게 주변 지도를 주실 수 있습니까?	**Können Sie mir einen Umgebungsplan geben?** 쾬넨 지 미어 아이넨 움게붕스플란 게벤?
대중교통 시간표를 얻을 수 있을까요?	**Kann ich einen Fahrplan der öffentlichen Verkehrsmittel haben?** 칸 이히 아이넨 파플란 데어 외펜트리헨 페어케어스미텔 하벤?
네 그럼요. 여기 시간표입니다.	**Ja klar, das ist der Fahrplan.** 야 클라, 다스 이스트 데어 파플란
필요하면 문화가이드도 드릴게요.	**Wenn Sie brauchen, gebe ich Ihnen auch ein Kulturprogramm.** 벤 지 브라우헨, 게베 이히 이넨 아우흐 아인 쿨투어프로그람

[참고단어와 표현]

*관 광

시내	**die Stadtmitte**	디 슈타트미테
시내관광	**die Stadttour**	디 슈타트투어
수도	**die Hauptstadt**	디 하우프트슈타트
교통편	**das Verkehrsmittel**	다스 페어케어스미텔

렌터카	der Mietwagen	데어 미트바겐
박물관	das Museum	다스 무제움
교회	die Kirche	디 키르헤
성당	der Dom	데어 돔
성	das Schloss	다스 슐로쓰
고도시	die Altstadt	디 알트슈타트

04 호텔에서

체크인

저희 호텔에 오신 것을 환영합니다.	**Herzlich willkommen bei unserem Hotel.** 헤어쯔리히 빌콤멘 바이 운저렘 호텔
호텔 리셉션이 어디죠?	**Wo ist der Empfang bitte?** 보 이스트 데어 암팡 비테?
주차장이 있나요?	**Haben Sie einen Parkplatz?** 하벤 지 아이넨 파크플라쯔?
호텔에 레스토랑이 있나요?	**Hat das Hotel ein Restaurant?** 핫 다스 호텔 아인 레스토란트?
엘리베이터가 있나요?	**Gibt es einen Aufzug?** 깁 에스 아이넨 아우프쭉?
영어하시는 분 계신가요?	**Kann jemand English sprechen?** 칸 예만트 엥글리쉬 슈프레헨?
예약하셨습니까?	**Haben Sie schon reserviert?** 하벤 지 숀 레저비어트?
예, 예약했습니다.	**Ja, Ich habe schon reserviert.** 야, 이히 하베 숀 레저비어트

아니오, 예약 안했습니다.	**Nein, Ich habe nicht reserviert.** 나인, 이히 하베 니히트 레저비어트
잠시만요. 곧 확인해 보겠습니다.	**Einen Moment, ich sehe mal gleich nach.** 아이넨 모멘트. 이히 제에 말 글라이히 나흐
성함이 어떻게 되세요?	**Wie heißen Sie?** 비 하이쎈 지?
박입니다.	**Ich heiße Park.** 이히 하이쎄 팍
방이 준비되어 있습니다.	**Das Zimmer ist schon bereit.** 다스 찜머 이스트 숀 베라이트
분명히 마음에 드실 겁니다.	**Das wird Ihnen wirklich gefallen.** 다스 비르트 이넨 비르클리히 게팔렌
방이 어떻게 생겼지요?	**Wie ist das Zimmer?** 비 이스트 다스 찜머?
괜찮아요. 깨끗하고, 아주 큽니다.	**In Ordnung. Es ist sauber, und sehr groß.** 인 오르드눙. 에스 이스트 자우버, 운 제어 그로쓰
욕조가 있나요, 없나요?	**Es hat doch ein Bad, oder?** 에스 핫 도흐 아인 바트, 오더?
아니요, 욕조는 없고 샤워기만 있어요.	**Nein, kein Bad, sondern eine Dusche.** 나인, 카인 바트, 존더른 아이네 두쇠

다른 방은 없나요?	**Gibt es denn kein anderes Zimmer für mich?** 깁 에스 덴 카인 안더레스 찜머 퓌어 미히?
다른 방은 모두 찼습니다.	**Unser Hotel ist voll.** 운저 호텔 이스트 폴
빈 방 있습니까?	**Haben Sie Zimmer frei?** 하벤 지 찜머 프라이?
죄송하지만 빈 방이 없네요.	**Leider haben wir kein Zimmer mehr frei.** 리이더 하벤 비어 카인 짐머 메어 프라이
죄송합니다. 빈 방이 없습니다.	**Es tut mir leid, wir haben kein Zimmer frei.** 에스 투트 미어 라이트, 비어 하벤 카인 찜머 프라이
근처에 다른 호텔이 있나요?	**Gibt es ein anderes Hotel in der Nähe?** 깁 에스 아인 안더레스 호텔 인 데어 네에?
어떤 방을 원하세요?	**Was für ein Zimmer möchten Sie?** 바스 퓌어 아인 찜머 뫼히텐 지?
싱글을 원하시나요? 아니면 더블룸을 원하시나요?	**Ein Einzelzimmer oder ein Doppelzimmer?** 아인 아인쩰찜머 오더 아인 돞펠찜머?
싱글룸으로 주세요.	**Ich hätte gerne ein Einzelzimmer.** 이히 헤테 게어네 아인 아인쩰찜머
싱글룸 두 개와 더블룸 하나 주세요.	**Ich möchte zwei Einzel-und ein Doppelzimmer.** 이히 뫼히테 쯔바이 아인젤 운 아인 돞펠찜머

가능하면 전망이 좋은 방으로 주세요.	**Wenn es geht, bitte mit einer schönen Aussicht.** 벤 에스 게에트, 비테 밋 아이너 쇠넨 아우스지히트
욕실이 딸린 방으로 주세요.	**Bitte, Geben Sie mir ein Zimmer mit Bad.** 비테, 게벤 지 미어 아인 찜머 밋 바트
샤워 시설이 딸린 방으로 주세요.	**Ich möchte ein Zimmer mit Dusche.** 이히 뫼히테 아인 찜머 밋 두쉐
얼마 동안 방을 쓰려구요?	**Für wie lange denn?** 퓌어 비 랑에 덴?
얼마 동안 머물 겁니까?	**Wie lange bleiben Sie?** 비 랑에 블라이벤 지?
일주일 동안 머물 예정입니다.	**Wir werden sieben Nächte bleiben.** 비어 베르덴 지벤 네히테 블라이벤
6월 3일부터 8일까지 있을 예정입니다.	**Vom 3. bis zum 8. Juni.** 폼 드릿텐 비스 쭘 아흐텐 유니
4일에서 5일 정도 머무를 예정입니다.	**Ich bleibe 4 oder 5 Tage lang.** 이히 블라이베 퓌어 오더 퓐프 타게 랑
호텔 문을 언제 닫나요?	**Wann schließt das Hotel abends?** 반 슐리스트 다스 호텔 아벤츠?
그 방은 얼마입니까?	**Wie teuer ist das Zimmer?** 비 토이어 이스트 다스 찜머?

이 방은 식사 포함 두 명에 120유로입니다.	**Das Zimmer kostet mit Vollpension für 2 Personen 120 Euro.** 다스 찜머 코스텔 밋 폴펜지온 퓌어 쯔바이 페르조넨 아인훈더르트쯔반찌히 오이로
하룻밤에 50유로입니다.	**Das kostet 50 Euro pro Nacht.** 다스 코스텔 퓐프찌히 오이로 프로 나흐트
호텔에서 식사를 할 수 있나요?	**Kann ich hier im Hotel noch etwas essen?** 칸 이히 히어 임 호텔 노흐 에트바스 에쎈?
이 호텔에 바가 있나요?	**Gibt es hier im Hotel eine Bar?** 깁 에스 히어 임 호텔 아이네 바?
아침식사가 포함되어 있나요?	**Ist das Frühstück inklusiv?** 이스트 다스 프뤼슈튁 인클루씨브?
예, 그렇습니다.	**Ja, natürlich.** 야, 나튀얼리히
아침 식사 시간은 언제입니까?	**Wann kann man Frühstück haben?** 반 칸 만 프뤼슈튁 하벤?
7시부터 9시까지입니다.	**Von 7 bis 9 Uhr.** 폰 지벤 비스 노인 우어
이 방으로 주세요.	**Ich hätte gerne dieses Zimmer.** 이히 헤테 게어네 디제스 찜머
누가 짐 좀 옮겨 줄 수 있나요?	**Kann jemand bitte meine Koffer heraufbringen?** 칸 예만트 비테 마이네 콮퍼 허어라우스브링엔?

숙박계를 써 주세요.	**Füllen Sie das Formular aus, Bitte.** 뛸렌 지 다스 포뮬라 아우스, 비테
예. 그러지요.	**Gern. Bitte.** 게른. 비테
열쇠 여기 있습니다. 605호실입니다.	**Hier ist Ihr Schlüssel. Zimmer Nr. 605.** 히어 이스트 이어 슐뤼쎌. 찜머 눔머 젝스훈더르트퓐프
편히 쉬세요!	**Einen schönen Aufenthalt!** 아이넨 쇠넨 아우프엔트할트!

----------[참고단어와 표현]----------

호텔	das Hotel 다스 호텔
식당 겸 숙소	das Gasthaus 다스 가스트하우스
팬션	die Pension 디 팡지온
유스호스텔	die Jugendherberge 디 유겐트헤어베어게
홈스테이	die Gastfamilie 디 가스트파밀리에

● 룸서비스

네, 룸서비스입니다. 무엇을 도와 드릴까요?	**Guten Tag. Zimmerservice. Was kann ich für Sie tun?** 구텐 탁. 찜머서비스. 바스 칸 이히 퓌어 지 툰?

여보세요. 여기 506호실입니다.	**Guten Tag. Hier ist Zimmer 506.** 구텐 탁. 히어 이스트 찜머 퓐프눌젝스
2호실인데요. 수건 좀 가져다 주실래요?	**Kann ich bitte Handtücher für Zimmer 2 haben?** 칸 이히 비테 한트튀혀 퓌어 찜머 쯔바이 하벤?
내일 아침 7시에 모닝콜 좀 해줄 수 있나요?	**Können Sie mich morgen um 7 Uhr wecken?** 쾬넨 지 미히 모르겐 움 지벤 우어 벡켄?
네, 물론입니다.	**Ja, selbstverständlich.** 야, 젤프스트페어슈텐틀리히
내일 아침 식사를 방에서 할 수 있을까요?	**Kann ich morgen im Zimmer frühstücken?** 칸 이히 모르겐 임 찜머 프뤼슈튁켄?
토스트와 오렌지주스 가져다 주세요.	**Bringen Sie mir Toast und Orangensaft.** 브링겐 지 미어 토스트 운 오랑젠자프트
이것은 내가 주문한 게 아닌데요.	**Ich glaube, das habe ich nicht bestellt.** 이히 글라우베, 다스 하베 이히 니히트 베슈텔트
얼음과 물 좀 가져다 주세요.	**Ich hätte gerne Eis und Mineralwasser.** 이히 헤테 게어네 아이스 운 미네랄바써
세탁이 되나요?	**Kann man Wäsche waschen lassen?** 칸 만 베쉐 바쉔 라쎈?

네, 됩니다.	**Ja, das geht.** 야, 다스 게에트
언제까지 가능한가요?	**Bis Wann geht das?** 비스 반 게에트 다스?
내일 아침 8시까지 가져다 드리겠습니다.	**Sie wird morgen früh bis 8 Uhr fertig sein.** 지 비어트 모르겐 프뤼 비스 아흐트 우어 페어티히 자인
수건 몇 장 더 갖다 주세요.	**Bringen Sie mir noch mehr Badetücher.** 브링엔 지 미어 노흐 메어 바데튀허
TV가 안 나옵니다.	**Der Fernseher funktioniert nicht.** 데어 페른제어 풍치오니어트 니히트
더운물이 안 나옵니다.	**Es Kommt kein warmes Wasser.** 에스 콤트 카인 바르메스 바써
에어컨이 고장났습니다.	**Die Klimaanlage ist kaputt.** 디 클리마안라게 이스트 카풋
인터넷을 이용할 수 있나요?	**Kann ich das Internet surfen?** 칸 이히 다스 인터넷 써펜?
주문한 음식이 아직 안 왔습니다.	**Das bestellte Essen ist noch nicht da.** 다스 베슈텔테 에쎈 이스트 노흐 니히트 다
한국으로 전화하고 싶습니다.	**Ich möchte nach Korea telefonieren.** 이히 뫼히테 나흐 코레아 텔레포니어렌

요금은 어떻게 지불하시겠습니까?	**Wer übernimmt die Gebühren?** 베어 위버님트 디 게뷔어렌?
여기서 낼게요.	**Ich bezahle es hier.** 이히 베짤레 에스 히어
지금은 통화 중입니다.	**Die Leitung ist besetzt.** 디 라이퉁 이스트 베제쯔트
서울에 연결하고 있는데 받지를 않습니다.	**Wir sind mit Seoul verbunden, aber niemand antwortet.** 비어 진 밋 세울 페어분덴, 아버 니만트 안트보르테트
시내 전화는 어떻게 하죠?	**Wie kann man ein Ortsgesprach führen?** 비 칸 만 아인 오르츠게슈프라흐 퓌렌?
9번을 누른 후 원하시는 번호를 누르세요.	**Drücken Sie zuerst die 9, dann die gewünschte Telefonnummer.** 드뤽켄 지 쭈에어스트 디 노인, 단 디 게뷘슈테 텔레폰눔머

[참고단어와 표현]

침대	**das Bett**	다스 베트
베개	**das Kopfkissen**	다스 콥프키쎈
이불	**die Decke**	디 덱케
침대보	**das Betttuch**	다스 베트투흐
수건	**das Tuch**	다스 투흐

수도꼭지	der Hahn	데어 한
뜨거운 물	das Heißwasser	다스 하이쓰바써
차가운 물	das Kaltwasser	다스 칼트바써
음료수	das Trinkwasser	다스 트링크바써
휴지	das Rollpapier	다스 롤파피어
욕조	die Badewanne	디 바데반네
세면대	die Waschwanne	디 바쉬반네

체크아웃

같은 방을 하루 더 쓸 수 있나요?	**Kann ich das Zimmer noch eine Nacht behalten?** 칸 이히 다스 찜머 노흐 아이네 나흐트 베할텐?
지금 체크아웃하겠습니다.	**Ich möchte jetzt auschecken.** 이히 뫼히테 예쯔트 아우스첵켄
계산해 주세요.	**Geben Sie mir die Rechnung.** 게벤 지 미어 디 레히눙
여기는 호텔에 하루 묵는데 240유로입니다.	**Hier kostet ein Hotelzimmer 240 Euro.** 히어 코스텥 아인 호텔찜머 쯔바이훈더르트피어찌히 오이로
세상에나!	**Das ist ja Wahnsinn!** 다스 이스트 야 반진!
얼마입니까?	**Wie viel kostet es?** 비 필 코스텥 에스?

계산이 맞지 않습니다.	**Die Rechnung stimmt nicht.** 디 레히눙 슈팀트 니히트
여행자수표로 계산해도 될까요?	**Kann ich mit Reiseschecks bezahlen?** 칸 이히 밋 라이제쉑스 베짤렌?
영수증을 주세요.	**Eine Quittung bitte.** 아이네 크비퉁 비테
택시 좀 불러 주시겠어요?	**Würden Sie bitte ein Taxi bestellen?** 뷔르덴 지 비테 아인 탁시 베슈텔렌?

05 길 찾기

길 물어보기

시내 지도를 어디에서 살 수 있습니까?	**Wo kann ich einen Stadtplan bekommen?** 보 칸 이히 아이넨 슈타트플란 베콤멘?
가장 좋은 방법은 가판대에서 사는 겁니다.	**Gehen Sie am besten zum Kiosk.** 게엔 지 암 베스텐 쭘 키오스크
그 곳에서 시내 지도를 살 수 있습니다.	**Da können Sie einen Stadtplan kaufen.** 다 쾬넨 지 아이넨 슈타트플란 카우펜
가판대는 약국 옆에 있습니다.	**Der Kiosk ist neben der Apotheke.** 데어 키오스크 이스트 네벤 데어 아포테케
슈테판성당이 어디 있습니까?	**Wo ist der Stephansdom?** 보 이스트 데어 슈테판스돔?
제게 슈테판성당이 어디 있는지 알려주시겠어요?	**Können Sie mir sagen, wo der Stephansdom ist?** 쾬넨 지 미어 자겐, 보 데어 슈테판스돔 이스트?
전차를 타고 가세요.	**Fahren Sie mit der Straßenbahn.** 파렌 지 밋 데어 슈트라센반

걸어서 갈 수 있습니다.	**Sie können zu Fuß gehen.** 지 쾬넨 쭈 푸쓰 게엔
첫 번째 골목 왼쪽으로 가세요.	**Gehen Sie die erste Straße links!** 게엔 지 디 에어스테 슈트라쎄 링스
두 번째 골목 오른쪽으로 가세요.	**Gehen Sie die zweite Straße rechts!** 게엔 지 디 쯔바이테 슈트라쎄 레히츠!
카펠라 거리를 따라 가세요.	**Gehen Sie die Kapellestraße entlang.** 게엔 지 디 카펠레슈트라쎄 엔트랑
돔이 보일 때까지 카펠레 거리를 따라 가세요.	**Gehen Sie die Kapellestraße entlang, bis Sie den Dom sehen!** 게엔 지 디 카펠레슈트라쎄 엔트랑, 비스 지 덴 돔 제엔!
돔까지 계속 쭉 가세요.	**Gehen Sie immer geradeaus, bis Sie zum Dom kommen.** 게엔 지 임머 게라데 아우스, 비스 지 쭘 돔 콤멘
죄송합니다. 저는 베를린 사람이 아닙니다.	**Es tut mir leid. Ich bin nicht aus Berlin.** 에스 투트 미어 라이트. 이히 빈 니히트 아우스 베를린
실례합니다. 약국이 어디에 있나요?	**Entschuldigung, wo ist eine Apotheke?** 엔트슐디궁, 보 이스트 아이네 아포테케?
쭉 가세요.	**Gehen Sie geradeaus!** 게엔 지 게라데아우스

이 길을 따라 가세요.	**Folgen Sie dieser Straße.** 폴겐 지 디저 슈트라쎄
약국은 우체국 옆에 있습니다.	**Die Apotheke ist neben der Post.** 디 아포테케 이스트 네벤 데어 포스트
이 근처에 백화점이 있습니까?	**Gibt es ein Kaufhaus in der Nähe?** 깁 에스 아인 카우프하우스 인 데어 네에?
모퉁이를 돌면 백화점이 있어요.	**Um die Ecke ist ein Kaufhaus.** 움 디 엑케 이스트 아인 카우프하우스
요하네스 거리에는 어떤 백화점들이 있습니까?	**Welche Kaufhäuser gibt es in Johanesstraße?** 벨헤 카우프호이져 깁 에스 인 요하네스 슈트라쎄?
케이마트 볼보르트 헤르티가 있습니다.	**Es gibt K-Mart, Woolworth und Hertie.** 에스 깁트 카-마르트, 볼보르트 운 헤르티
이 곳에 시장이 있나요?	**Gibt es hier einen Markt?** 깁트 에스 히어 아이넨 마르크트?
오, 저는 잘 모르겠습니다. 다른 분에게 물어 보세요.	**Oh, das weiß ich nicht, Fragen Sie noch mal anderen Personen.** 오, 다스 바이쓰 이히 니히트, 프라겐 지 노흐 말 안더렌 페르조넨
네, 쉴러 플라쯔에 하나 있습니다.	**Ja, es gibt auf dem Schillerplatz einen Markt.** 야, 에스 깁트 아우프 뎀 쉴러플라쯔 아이넨 마르크트

죄송합니다. 슈퍼마켓으로 가려면 어떻게 가야 합니까?	**Entschuldigen Sie. Wie komme ich zum Supermarkt?** 엔트슐디겐 지. 비 콤메 이히 쭘 주퍼마르크트?
이 근처에 가판대가 어디 있나요?	**Wo ist ein Kiosk in der Nähe von hier?** 보 이스트 아인 키오스크 인 데어 네에 폰 히어?
바덴로에 하나 있어요.	**Auf der Badenstraße.** 아우프 데어 바덴슈트라쎄
오른쪽으로 가십시오!	**Gehen Sie nach rechts!** 게엔 지 나흐 레히츠!
왼쪽으로 가십시오!	**Gehen Sie nach links!** 게엔 지 나흐 링스!
여기서 바덴로를 따라 곧바로 가세요.	**Da gehen Sie die Badenstrasse entlang.** 다 게엔 지 디 바덴슈트라쎄 엔트랑
바로 서점 앞에 있어요.	**Es liegt direkt vor der Buchhandlung.** 에스 릭트 디렉트 포어 데어 부흐한들룽
우체국 옆에 하나 있어요.	**Gleich neben der Post ist eine.** 글라이히 네벤 데어 포스트 이스트 아이네
곧바로 가다가 왼쪽으로 가세요.	**Immer geradeaus, dann nach links.** 임머 게라데아우스, 단 나흐 링스
여기에서 멉니까?	**Ist es weit von hier?** 이스트 에스 바이트 폰 히어?

성당까지 얼마나 먼가요?	**Wie weit ist es zum Dom?** 비 바이트 이스트 에스 쭘 돔?
지나치셨네요.	**Sie sind bereits daran vorbei gelaufen.** 지 진 베라이츠 다란 포아바이 게라우펜
걸어서 10분 정도 걸립니다.	**Zehn Minuten zu Fuß.** 첸 미누텐 쭈 푸쓰
아주 가까워요.	**Sehr nah.** 제어 나
저 건물은 무엇인가요?	**Was für ein Gebäude ist das?** 바스 퓌어 아인 게보이데 이스트 다스?
저것은 시청입니다.	**Das ist Rathaus.** 다스 이스트 라트하우스
제가 지금 서 있는 곳이 어디지요?	**Wo bin ich?** 보 빈 이히?
여기는 막트플라쯔입니다.	**Hier ist Marktplatz.** 히어 이스트 막트플라쯔
죄송합니다만, 제게 잠깐 시간을 좀 내줄 수 있습니까?	**Entschuldigung, haben Sie Zeit für mich?** 엔트슐디궁, 하벤 지 짜이트 퓌어 미히?
예, 괜찮아요.	**Ja, das ist kein Problem.** 야, 다스 이스트 카인 프로블램
제가 이 곳을 잘 몰라서 그러는데요. 여기 여행사가 어디 있습니까?	**Ich bin hier fremd und suche ein Reisezentrum.** 이히 빈 히어 프렘트 운 주헤 아인 라이제쩬트룸

[참고단어와 표현]

정육점	die Metzgerei	디 메쯔거라이
과일가게	der Obstladen	데어 옵스트라덴
소세지가게	der Wurstladen	데어 부어스트라덴
담배가게	der Zigarettenladen	데어 찌가렡텐라덴
신발가게	der Schuhladen	데어 슈에라덴
화장품점	die Drogerie	디 드로거리
저기	dort	도르트
여기	hier	히어
문	die Tür	디 튀어
나가다	rausgehen	라우스게엔
오른편	rechts	레히츠
왼편	links	링스
돌아가다	zurückgehen	쭈뤽게엔
옆	neben	네벤
앞	vor	포어
뒤	hinter	힌터
위	über	위버
아래	unter	운터
정면	gegenüber	게겐위버
백화점	das Kaufhaus	다스 카우프하우스
우체국	die Post	디 포스트
은행	die Bank	디 방크

소방서	die Feuerwehr	디 포이어베어
경찰	die Polizei	디 폴리짜이
상점	der Laden	데어 라덴
식당	das Restaurant	다스 레스토란트
학교	die Schule	디 슐레
병원	das Krankenhaus	다스 크랑켄하우스
약국	die Apotheke	디 아포테케
제과점	die Bäckerei	디 벡커라이
슈퍼마켓	der Supermarkt	데어 주퍼마르크트
서점	die Buchhandlung	디 부흐한들룽
주유소	die Tankstelle	디 탕크슈텔레
방송국	die Rundfunkanstalt	디 룬트푼크안슈탈트
시청	das Rathaus	다스 라트하우스

06 대중 교통 이용

택시에서

택시는 어디에 있습니까?	**Wo gibt es hier ein Taxi?** 보 깁 에스 히어 아인 탁씨?
여기서 가장 가까운 택시정류장이 어디입니까?	**Wo ist der nächste Taxistand?** 보 이스트 데어 넥스테 탁시슈탄트?
택시를 불러 주세요.	**Bitte, rufen Sie mir ein Taxi!** 비테, 루펜 지 미어 아인 탁시!
어서 오세요. 어디로 가십니까?	**Guten Tag. Wohin wollen Sie fahren?** 구텐 탁. 보힌 볼렌 지 파렌?
어디로 모실까요?	**Wohin möchten Sie?** 보힌 뫼히텐 지?
축구경기장으로 가주세요.	**Fahren Sie bitte zum Fußballstadion.** 파렌 지 비테 쭘 푸쓰발스타디온
여기서 월드컵경기장까지 몇 분 정도 걸립니까?	**Wie lange dauert es von hier zum Fußballstadion?** 비 랑에 다우어트 에스 폰 히어 쭘 푸쓰발스타디온?

오래 걸립니까?	**Dauert es lange?** 다우어트 에스 랑에?
아니오, 기껏해야 10분 정도 걸립니다.	**Nein, höchstens zehn Minuten.** 나인, 획스텐스 첸 미누텐
30분 정도 걸립니다.	**Es dauert 30 Minuten.** 에스 다우어트 드라이찌히 미누텐
다 왔습니다.	**Hier sind wir.** 히어 진 비어
좀 더 빨리 달려 주세요.	**Fahren Sie bitte noch schneller.** 파렌 지 비테 노흐 슈넬러
거스름돈은 가지세요.	**Den Rest können Sie haben.** 덴 레스트 쾬넨 지 하벤
잔돈은 가지세요.	**Der Rest ist für Sie.** 데어 레스트 이스트 퓌어 지

○ 버스에서

버스 정류장이 어디인가요?	**Wo ist die Bushaltestelle?** 보 이스트 디 부스할테슈텔레?
저쪽에 정류장이 있어요.	**Da drüben ist die Haltestelle.** 다 드뤼벤 이스트 디 할테슈텔레
버스노선표 좀 주세요.	**Einen Fahrplan bitte.** 아이넨 파아플란 비테

다음 정거장이 어디입니까?	**Wo ist die nächste Bushaltestelle?** 보 이스트 디 넥스테 부스할테슈텔레?
공항가려면 몇 번 버스를 타야 합니까?	**Welchen Bus muss ich nehmen, wenn ich zum Flughafen will?** 벨헨 부스 무쓰 이히 네멘, 벤 이히 쭘 플룩하펜 빌?
어느 버스가 축구경기장까지 가나요?	**Welcher Bus fährt zum Fußballstadion?** 벨혀 부스 페어트 쭘 푸쓰발스타디온?
몇 번 버스가 중앙역에 가나요?	**Welche Linie fährt zum Hauptbahnhof?** 벨헤 리니에 페어트 쭘 하우프트반홉?
몇 번 버스를 타야 돼요?	**Welchen Bus soll ich nehmen?** 벨헨 부스 졸 이히 네멘?
100번 버스요.	**Nummer 100.** 눔머 아인훈더르트
직행인가요?	**Geht er direkt?** 게트 에어 디렉트?
버스가 몇 분에 한 대씩 있지요?	**Wie oft fahren die Busse?** 비 오프트 파렌 디 부쎄?
첫차가 언제 있습니까?	**Wann ist der erste Bus?** 반 이스트 데어 에어스테 부스?
막차가 언제 있습니까?	**Wann ist der letzte Bus?** 반 이스트 데어 레쯔테 부스?

막차가 벌써 출발했나요?	**Ist der letzte Bus weggefahren?** 이스트 데어 레쯔테 부스 벡게파렌?
여기 자리 비어 있나요?	**Sind da noch Plätze frei?** 진 다 노흐 플레쩨 프라이?
자리가 다 찼는데요.	**Dieser Platz ist besetzt.** 디저 플라쯔 이스트 베제쯔트
버스로 얼마나 걸립니까?	**Wie lange dauert es mit dem Bus?** 비 랑에 다우어트 에스 밋 뎀 부스?
중앙역이요.	**Bis zum Hauptbahnhof, bitte!** 비스 쭘 하우프트반호프, 비테!
2유로 50입니다.	**2 Euro 50.** 쯔바이 오이로 퓐프찌히
중앙역까지 가나요?	**Fahren Sie zum Hauptbahnhof?** 파렌 지 쭘 하우프트반호프?
이 버스가 쾰른 중앙역까지 가나요?	**Fährt dieser Bus zum Bahnhof Köln?** 페어트 디져 부스 쭘 반호프 쾰른?
저는 백화점까지 갑니다.	**Ich fahre bis zum Kaufhaus.** 이히 파레 비스 쭘 카우프하우스
버스표 한 장에 얼마입니까?	**Wie viel kostet eine Fahrkarte?** 비 필 코스텔 아이네 파카르테?

어디에서 갈아타야 하나요?	**Wo soll ich umsteigen?** 보 졸 이히 움슈타이겐?
여기서 내려 주세요.	**Hier steige ich aus.** 히어 슈타이게 이히 아우스
백화점 가려면 여기서 내려야 하나요?	**Muss ich hier für das Kaufhaus aussteigen?** 무쓰 이히 히어 퓌어 다스 카우프하우스 아우스슈타이겐?
여기에 세워 주세요.	**Halten Sie bitte hier an.** 할텐 지 비테 히어 안
차표 좀 보여 주세요.	**Fahrausweis bitte.** 파아우스바이스 비테
이 카드로도 버스를 탈 수 있나요?	**Ist das gültig?** 이스트 다스 귈티히?
여기가 어디입니까?	**Wo bin ich?** 보 빈 이히?
여기는 시청입니다.	**Hier ist Rathaus.** 히어 이스트 라트하우스
축구경기장에 도착하면 알려주세요.	**Sagen Sie mir bitte Bescheid, wenn wir am Fußballstadion sind.** 자겐 지 미어 비테 베샤이트, 벤 비어 암 푸쓰발스타디온 진
죄송합니다. 저 여기서 내려주세요.	**Entschuldigung, ich muss hier aussteigen.** 엔트슐디궁, 이히 무스 히어 아우스슈타이겐

전철에서

실례합니다. 이 지하철이 축구경기장까지 가나요?	**Entschuldigung. fährt diese Linie zum Fußballstadion?** 엔트슐디궁. 페어트 디제 리니에 쭘 푸쓰발슈타디온?
네, 이 노선은 축구경기장까지 갑니다.	**Ja, diese Linie Fährt zum Fußballstadion.** 야, 디제 리니에 페어트 쭘 푸쓰발슈타디온
아니오, 5호선을 타세요.	**Nein, nehmen Sie die Linie 5.** 나인, 네멘 지 디 리니에 퓐프
여기서 얼마나 가야 되죠?	**Wie weit muss man von hier aus fahren?** 비 바이트 무스 만 폰 히어 아우스 파렌?
다섯 정거장만 더 가면 돼요.	**5 Stationen noch.** 퓐프 스타찌오넨 노흐
실례합니다. 프랑크푸르트 박람회 가려면 어떻게 가야 합니까?	**Entschuldigen Sie bitte. Wie komme ich zur Frankfurter Messe?** 엔트슐디겐 지 비테. 비 콤메 이히 쭈어 프랑크푸르터 메쎄?
전철를 타고 중앙역으로 가서 박람회로 가는 16번이나 19번 전차를 타세요.	**Nehmen Sie die S-Bahn zum Hauptbahnhof und dann die Straßenbahn, Linie sechzehn oder neunzehn zur Messe.** 네멘 지 디 에스반 쭘 하우프트반홉 운 단 디 슈트라쎈반, 리니에 제히쩬 오더 노인쩬 쭈어 메쎄

열차에서

자리를 예약하고 싶은데요.	**Ich möchte gerne einen Platz reservieren.** 이히 뫼히테 게어네 아이넨 플라쯔 레저비렌
금연석은 있나요?	**Haben Sie einen Nichtraucher-Platz?** 하벤 지 아이넨 니히트라우허 플라쯔?
그 열차에 식당 칸은 있나요?	**Hat der Zug einen Speisewagen?** 핫 데어 쭉 아이넨 슈파이제바겐?
어디서 차표를 살 수 있나요?	**Wo kann ich eine Fahrkarte kaufen?** 보 칸 이히 아이네 파아카르테 카우펜?
다음 역이 어디입니까?	**Wo ist der nächste Bahnhof?** 보 이스트 데어 넥스테 반홉?
베를린에서 오는 열차는 언제 도착하나요?	**Wann kommt der Zug von Berlin an?** 반 콤트 데어 쭉 폰 베르린 안?
다음 함부르크행 열차는 언제 출발하나요?	**Wann geht der nächste Zug nach Hamburg?** 반 게에트 데어 넥스테 쭉 나흐 함부륵?
다음 하노버행 열차는 언제 출발하나요?	**Wann fährt der nächste Zug nach Hannover?** 반 페어트 데어 넥스테 쭉 나흐 하노버?
그 기차는 언제 그 곳에 도착하나요?	**Wann kommt er dort an?** 반 콤트 에어 도르트 안?

어느 플랫폼에서 출발하나요?	**Von welchem Bahnsteig fährt der Zug ab?** 폰 벨헴 반슈타익 페어트 데어 쭉 압?
오늘 오후에 뮌헨으로 가려고 합니다. 그 시간대의 열차를 알려주세요.	**Ich möchte am Nachmittag nach München fahren. Bitte sagen Sie mir ein paar Züge!** 이히 뫼히테 암 나흐미탁 나흐 뮌헨 파렌. 비테 자겐 지 미어 아인 파아 쮜게
오후 4시에서 6시 사이의 열차편이 있나요?	**Geht ein Zug zwischen 16 und 18 Uhr?** 게에트 아인 쭉 쯔비쉔 제히첸 운 아흐쩬 우어?
네, 오후 5시에 출발하는 익스프레스 열차편이 있습니다.	**Ja, es gibt einen EC um 17 Uhr.** 야, 에스 깁트 아이넨 에체 움 집첸 우어
프랑크푸르트행 편도 한 장 주세요.	**Einmal Einfach nach Frankfurt bitte.** 아인말 아인파흐 나흐 프랑크푸어트 비테
도르트문트로 돌아오는 차표 한 장 주세요.	**Eine Rückfahrkarte nach Dortmund bitte.** 아이네 뤽파카르테 나흐 도르트문트 비테
베를린으로 가는 이등칸 열차 왕복표 주세요.	**Geben Sie mir bitte eine Hin- und Rückfahrkarte zweiter Klasse nach Berlin!** 게벤 지 미어 비테 아이네 힌 운 뤽파카르테 쯔바이터 클라쎄 나흐 베르린!
초고속열차 함부르크행 한 장 주세요.	**Einmal ICE nach Hamburg.** 아인말 이체에 나흐 함부륵

일등칸으로 드려요 아니면 이등칸으로 드려요?	**Erste oder zweite Klasse?** 에어스테 오더 쯔바이테 클라쎄?	

일등칸으로 드려요 아니면 이등칸으로 드려요?
Erste oder zweite Klasse?
에어스테 오더 쯔바이테 클라쎄?

편도로 드릴까요 아니면 왕복으로 드릴까요?
Einfach oder hin und züruck.
아인파흐 오더 힌 운 쭈뤽

자리 예약을 하시겠어요?
Wollen Sie einen Platz reservieren?
볼렌 지 아이넨 플라쯔 레저비어렌?

네, 창가로 부탁해요.
Ja, bitte, am Fenster.
야, 비테, 암 펜스터

담배 피우시나요?
Sind Sie Raucher oder nicht?
진 지 라우허 오더 니히트?

아니오, 담배 안 피워요.
Nein, Ich rauche nicht.
나인, 이히 라우헤 니히트

도르트문트행 편도 한 장 주세요.
Ich möchte eine einfache Fahrkarte nach Dortmund.
이히 뫼히테 아이네 아인파헤 파아카르테 나흐 도르트문트

브레멘으로 가는 기차는 몇 시에 떠납니까?
Um wie viel Uhr fährt der Zug nach Bremen ab?
움 비 필 우어 페어트 데어 쭉 나흐 브레멘 압?

10시 20분에요.
Um 10. 20 Uhr.
움 쩬 우어 쯔반찌히

11시 25분에요.
Um fünf vor halb zwölf.
움 퓐프 포아 할프 쯔뵐프

어느 플랫폼이죠?
Welches Gleis?
벨헤스 글라이스?

5번 플랫폼에서요.	**Gleis 5.** 글라이스 퓐프
기차가 언제 도착합니까?	**Wann kommt der Zug an?** 반 콤트 데어 쭉 안?
그 열차는 언제 브레멘에 도착하나요?	**Wann kommt er in Bremen an?** 반 콤트 에어 인 브레멘 안?
3시간 걸립니다.	**Es dauert drei Stunden.** 에스 다우어트 드라이 슈툰덴
10시 20분 열차 벌써 출발했나요?	**Ist der 10:20 Zug schon weg?** 이스트 데어 첸 우어 쯔반치히 쭉 숀 벡

● 렌트카 이용

차를 하나 빌리고 싶어요.	**Ich hätte gerne ein Auto gemietet.** 이히 헤테 게어네 아인 아우토 게미테트
국제면허증 있으세요?	**Haben Sie einen internationalen Führerschein?** 하벤 지 아이넨 인터나찌오날렌 퓌러샤인?
어떤 차를 빌리기 원하세요?	**Was für ein Auto wollen Sie mieten?** 바스 퓌어 아인 아우토 볼렌 지 미이텐?
저렴하면서도 편안한 차를 권해 주시겠어요?	**Können Sie mir ein günstiges und angenehmes**

	Auto empfehlen?
	쾬넨 지 미어 아인 귄스티게스 운 안게네메스 아우토 엠펠렌?
요금표를 볼 수 있나요?	**Können Sie mir die Tariftabelle zeigen?**
	쾬넨 지 미어 디 타리프타벨레 짜이겐?
오토메틱으로 된 소형차를 원합니다.	**Ich möchte einen Kleinwagen mit Automatik.**
	이히 뫼히테 아이넨 클라인바겐 밋 아우토마틱
이 차는 어떠세요?	**Wie finden Sie das Auto.**
	비 핀덴 지 다스 아우토
마음에 들지 않아요.	**Das gefällt mir leider nicht.**
	다스 게펠트 미어 라이더 니히트
마음에 드네요.	**Das gefällt mir gut.**
	다스 게펠트 미어 굿
렌트비가 얼마입니까?	**Wie teuer ist die Miete?**
	비 토이어 이스트 디 미이테?
하루에 180유로입니다.	**180 Euro pro Tag.**
	훈더르트아흐찌히 오이로 프로 탁
보험료가 포함되어 있나요?	**Ist die Versicherung inklusiv?**
	이스트 디 페어지혀룽 인클루씨브?
보험에 들고 싶습니다.	**Ich möchte eine Versicherung abschließen.**
	이히 뫼히테 아이네 페어지혀룽 압슐리쎈
보증금을 따로 지불해야 하나요?	**Muss man die Kaution extra bezahlen?**
	무쓰 만 디 카우찌온 엑스트라 베짤렌?

좀 비싸네요.	**Das ist bisschen teuer.** 다스 이스트 비쎈 토이어
좀 더 싼 자동차는 없나요?	**Haben Sie ein etwas billigeres Auto?** 하벤 지 아인 에트바스 빌리거레스 아우토?
이 차를 빌리겠습니다.	**Ich nehme das Auto.** 이히 네메 다스 아우토
얼마 동안 쓰실 겁니까?	**Wie lange brauchen Sie?** 비 랑에 브라우헨 지?
일주일만 쓸 예정입니다.	**Nur eine Woche.** 누어 아이네 보헤
차 반납은 어떻게 하지요?	**Wie kann man den Wagen zurückgeben?** 비 칸 만 덴 바겐 쭈뤽게벤?
어디까지 가세요?	**Wohin fahren Sie?** 보힌 파아렌 지?
저는 하노버까지 갑니다.	**Ich fahre nach Hannover.** 이히 파아레 나흐 하노버
그 곳에서 반납할 수 있습니다.	**Sie können dort den Wagen zurückgeben.** 지 쾬넨 도르트 덴 바겐 쭈뤽게벤
가득 주유되어 있습니다.	**Das Auto ist voll getankt.** 다스 아우토 이스트 폴 게탕트
좋은 여행하세요.	**Gute Reise.** 구테 라이제

[참고단어와 표현]

*교통 수단

버스	der Bus	데어 부스
택시	das Taxi	다스 탁씨
승용차	das Auto	다스 아우토
기차	der Zug	데어 쭉
지하철	die U-Bahn	디 우반
전철	die S-Bahn	디 에스 반
전차	die Straßenbahn	디 슈트라쎈반
자전거	das Fahrrad	다스 파라트
오토바이	das Motorrad	다스 모토라트
비행기	das Flugzeug	다스 플룩쪼익
배	das Schiff	다스 쉬프
차	der Wagen	데어 바겐
트럭	der Lastkraftwagen (LKW) 데어 라스트크라프트바겐 (엘카베)	
승용차	Der Personalkraftwagen (PKW) 데어 페어조날크라프트바겐 (페카베)	

07 백화점에서

상점 찾기

여성복 코너가 어디에 있나요?

Wo ist die Abteilung für Damenbekleidung?
보 이스트 디 압타일룽 퓌어 다멘베클라이둥?

계단을 내려가세요.

Also, gehen Sie die Treppe runter.
알조, 게엔 지 디 트레페 룬터

3층에 있습니다. (*독일에서는 2층부터 1층으로 셉니다.)

Im 2. Stock.
임 쯔바이텐 슈톡

상점들은 언제 여나요?

Wann sind die Geschäfte offen?
반 진 디 게쇠프테 오펜?

이 상점들은 일주일 내내 엽니다.

Sie sind sieben Tage offen.
지 진 지벤 타게 오펜

아침 9시에서부터 밤 10시까지 영업합니다.

Sie sind von 9 Uhr morgens bis 10 Uhr abends offen.
지 진 폰 노인 우어 모르겐스 비스 쩬 우어 아벤츠 오펜

많은 슈퍼마켓들이 24시간 영업을 합니다.

Manche Supermärkte sind 24 Stunden offen.
만헤 쥬퍼메르크테 진 피어운쯔반찌히 슈툰덴 오펜

요하네스 거리에 있는 상점들은 일요일에는 닫나요?	**Sind die Geschäfte auf der Johanesstrasse sonntags zu?** 진 디 게쇠프테 아우프 데어 요하네스슈트라쎄 존탁스 쭈?
아니오, 상점들은 일요일에도 엽니다.	**Nein, die Geschäfte sind sonntags auch offen.** 나인, 디 게쇠프테 진 존탁스 아우흐 오펜
독일에는 일요일에 상점이 영업을 하나요?	**Sind die Geschäfte in Deutschland sonntags offen?** 진 디 게쇠프테 인 도이치란트 존탁스 오펜?
아니오, 독일에서는 일요일에 상점이 열지 않습니다.	**Nein, die Geschäfte in Deutschland sind sonntags zu.** 나인, 디 게쇠프테 인 도이치란트 진 존탁스 쭈
독일의 상점들은 언제 엽니까?	**Wann sind die Geschäfte in Deutschland offen?** 반 진 디 게쇠프테 인 도이치란트 오펜?
오전 9시부터 오후 8시까지 엽니다.	**Sie sind von 9 Uhr morgens bis 8 Uhr abends offen.** 지 진 폰 노인 우어 모르겐스 비스 아흐트 우어 아벤츠 오펜
상점들은 토요일날 오후 6시까지만 엽니다.	**Sie sind samstags nur bis 6 Uhr offen.** 지 진 잠스탁스 누어 비스 젝스 우어 오펜
제과점에서도 소시지 팔지요? 그렇죠?	**Die Bäckerei verkauft Wurst, nicht wahr?** 디 베커라이 페어카우프트 부어스트, 니히트 바?
아니오, 제과점에서는 빵을 팝니다.	**Nein, die Bäckerei verkauft Brot.** 나인, 디 베커라이 페어카우프트 브로트

아니오, 정육점에서 소시지를 팝니다.	**Nein, die Metzgerei verkauft Wurst.** 나인, 디 메쯔거라이 페어카우프트 부어스트
약은 어디서 살 수 있습니까?	**Wo kaufen Sie Medikament?** 보 카우펜 지 메디카멘트?
저는 약을 약국에서 삽니다.	**Ich kaufe Medikament in der Apotheke.** 이히 카우페 메디카멘트 인 데어 아포테케
책은 어디서 살 수 있습니까?	**Wo kann man Bücher kaufen?** 보 칸 만 뷔혀 카우펜?
책은 서점에서 살 수 있습니다.	**Man kann Bücher in einer Buchhandlung kaufen.** 만 칸 뷔혀 인 아이너 브흐한들룽 카우펜
언제 여나요?	**Wann machen Sie auf?** 반 마헨 지 아우프?
언제 닫나요?	**Wann machen Sie zu?** 반 마헨 지 쭈?

물건사기

도와 드릴까요?	**Kann ich Ihnen helfen?** 칸 이히 이넨 헬펜?
괜찮습니다. 그냥 한번 둘러보는 겁니다.	**Nein danke, ich schaue mich nur um.** 나인 당케, 이히 샤우에 미히 누어 움
천천히 구경하세요.	**Schauen Sie sich ruhig um.** 샤우엔 지 지히 루이히 움

무엇을 찾으세요?	**Was möchten Sie?** 바스 뫼히텐 지?
블라우스를 하나 사려구요.	**Ich möchte eine Bluse.** 이히 뫼히테 아이네 블루제
이거 얼마예요?	**Was kostet das?** 바스 코스텔 다스?
한번 입어봐도 될까요?	**Darf ich mal anprobieren?** 다르프 이히 말 안프로비어렌?
네, 물론이죠!	**Ja, natürlich!** 야, 나튀얼리히!
한번 입어 보실래요?	**Möchten Sie eine anprobieren?** 뫼히텐 지 아이네 안프로비어렌?
저쪽에 탈의실이 있습니다.	**Dort ist eine Umkleidekabine.** 도르트 이트스 아이네 움클라이데카비네
어떤 치수를 원하세요?	**Welche Größe möchten Sie?** 벨헤 그뢰쎄 뫼히텐 지?
제일 작은 사이즈로 주세요.	**Eine kleinste, bitte.** 아이네 클라인스테, 비테
제일 큰 사이즈로 주세요.	**Eine größte, bitte.** 아이네 그뢰스테, 비테
네, 여기 있습니다.	**Hier, bitte.** 히어, 비테
39 사이즈로 주세요.	**Größe 39.** 그뢰쎄 노인운드라이씨히
이것 좀 봐줘. 이 치마 어때?	**Guck mal, wie findest du den Rock.** 쿠크 말, 비 핀데스 두 덴 록

나쁘지 않아.	**Der ist nicht schlecht.** 데어 이스트 니히트 슐레히트
그 치마 나도 입어 볼래.	**Den probiere ich auch mal an.** 덴 프로비레 이히 아우흐 말 안
너에겐 그 치마가 안 맞아.	**Sie passt dir nicht.** 지 파스트 디어 니히트
그 치마는 너한테 너무 작아.	**Sie ist dir zu klein.** 지 이스트 디어 쭈 클라인
다른 거 입어봐.	**Dann zieh anderen mal an.** 단 찌 안더렌 말 안
싫어, 난 그런 색 안 좋아해.	**Nein, die Farbe mag ich nicht.** 나인, 디 파르베 막 이히 니히트
잘 맞나요?	**Es passt gut?** 에스 파스트 굿?
나에게는 안 맞는군요.	**Es passt mir nicht.** 에스 파스트 미어 니히트
나에게 잘 맞는군요.	**Es passt mir gut.** 에스 파스트 미어 굿
저에게는 너무 작네요.	**Es ist mir zu klein.** 에스 이스트 미어 쭈 클라인
저에게는 너무 크네요.	**Es ist mir zu groß.** 에스 이스트 미어 쭈 그로스
이 물건들 모두 면세품입니까?	**Sind diese Waren alle zollfrei?** 진 디제 바렌 알레 쫄프라이?
이걸로 주세요.	**Ich nehme das.** 이히 네메 다스

저쪽 카운터에서 계산해 주세요.	**Zahlen Sie bitte dort an der Kasse.** 짤렌 지 비테 도르트 안 데어 카쎄
저는 화장품을 보고 싶습니다.	**Ich interessiere mich für Kosmetiksachen.** 이히 인터레씨어레 미히 퓌어 코스메틱자헨
제품들 좀 볼 수 있을까요?	**Sie haben irgendwas da?** 지 하벤 이어겐트바스 다?
예, 몇몇 제품을 취급하고 있습니다.	**Ja, wir haben einiges da.** 야, 비어 하벤 아이니게스 다
보여 드리겠습니다.	**Ich zeige Ihnen.** 이히 짜이게 이넨
얼마 정도의 가격대를 원하세요?	**Welchen Preis möchten Sie denn?** 벨헨 프라이스 뫼히텐 지 덴?
아무거나 싼 것을 원합니다.	**Irgendwas billigeres.** 이르겐트바스 빌리거레스
좋아 보이네요.	**Sieht gut aus.** 지트 굿 아우스
카운터가 어디지요?	**Wo ist die Kasse?** 보 이스트 디 카쎄?
저쪽에 카운터가 있습니다.	**Da drüben ist eine Kasse.** 다 드뤼벤 이스트 아이네 카쎄
따로 포장해 주세요?	**Können Sie es getrennt verpacken?** 쾬넨 지 에스 게트렌트 페어팍켄?

이 주소로 배달해 주시겠어요?	**Können Sie es an diese Adresse schicken?** 퀀넨 지 에스 안 디제 아드레쎄 쉭켄?
무엇을 드릴까요?	**Was darf's sein?** 바스 다르프스 자인?
빵과 브뢰첸을 주세요.	**Ich hätte gern ein Brot und fünf Brötchen.** 이히 헤테 게른 아인 브로트 운 퓐프 브뢰첸
더 뭐 필요한 거 있으세요?	**Sonst noch etwas?** 존스트 노흐 바스?
예, 케이크도 한 조각 주세요.	**Ja, ich möchte auch ein Stück Kuchen.** 야, 이히 뫼히테 아우흐 아인 슈튁 쿠헨
다 주문하신 건가요?	**Ist das alles?** 이스트 다스 알레스?
네, 감사합니다. 다 주문했어요.	**Ja, danke! Das ist alles.** 야, 당케! 다스 이스트 알레스
신문 하나 주세요.	**Eine Zeitung bitte.** 아이네 짜이퉁 비테
50센트입니다.	**50 Cent.** 퓐프찌히 쎈트
담배랑 콜라 2개 주세요.	**Zigaretten und zwei Cola bitte.** 찌가레텐 운 쯔바이 콜라 비테
다해서 3유로 50센트.	**Das macht zusammen 3 Euro 50Cent.** 다스 마흐트 쭈잠멘 드라이 오이로 퓐프찌히 쎈트

여기서 우표도 살 수 있나요?	**Gibt es hier Briefmarken?** 깁 에스 히어 브리프마르켄?
아니오, 우표는 우체국에서 살 수 있습니다.	**Nein, Sie bekommen Briefmarken im Postamt.** 나인, 지 베콤멘 브리프마르켄 임 포스트암트
시내 지도 있나요?	**Haben Sie Stadtpläne?** 하벤 지 슈타트플레네?
어떤 지도를 원하세요?	**Was für einen möchten Sie?** 바스 퓌어 아이넨 뫼히텐 지?
작은 것으로 주세요.	**Einen kleinen, bitte.** 아이넨 클라이넨, 비테
아주 최근 것입니다.	**Dieser hier ist ganz neu.** 디저 히어 이스트 간쯔 노이
엽서와 볼펜 있나요?	**Haben Sie eine Postkarte und einen Kugelschreiber?** 하벤 지 아이네 포스트카르테 운 아이넨 쿠겔슈라이버?
엽서는 뒤에 있습니다.	**Die Postkarten sind dahinten.** 디 포스트카르텐 진 다힌텐
여기 있습니다. 어떤 것을 드릴까요?	**Hier. Welchen möchten Sie?** 히어. 벨헨 뫼히텐 지?

[참고단어와 표현]

구분, 종류	die Abteilung	디 압타일룽
옷, 의복	die Bekleidung	디 베클라이둥
신사복	die Herrenbekleidung	디 헤렌베클라이둥
숙녀복	die Damenbekleidung	디 다멘베클라이둥
바지	die Hose	디 호제
치마	der Rock	데어 록
코트	der Mantel	데어 만텔
블라우스	die Bluse	디 블루제
셔츠	das Hemd	다스 헴트
쟈켓	die Jacke	디 약케
벨트	der Gürtel	데어 귀어텔
스타킹	der Strümpfe	데어 슈트륌페
안경	die Brille	디 브릴레
스카프	der Schal	데어 솰
속옷	die Unterkleidung	디 운터클라이둥
팬티	die Unterhose	디 운터호제
브래지어	der Büstenhalter	데어 뷔스텐할터
윗옷	die Oberkleidung	디 오버클라이둥
스웨터	der Pullover	데어 풀오버
정장	der Anzug	데어 안쭉
반바지	die kurze Hose	디 쿠어쩨 호제
수영복	der Badeanzug	데어 바데안쭉

비옷	**der Regenmantel**	데어 레겐만텔
색, 색깔, 색채	**die Farbe**	디 파르베
어두운	**dunkel**	둔켈
밝은	**hell**	헬
흰색	**weiß**	바이쓰
검정색	**schwarz**	슈바르쯔
빨간색	**rot**	로트
분홍색	**rosa**	로자
오렌지색	**orange**	오랑제
푸른색	**blau**	블라우
초록색	**grün**	그륀
보라색	**violett**	비올레트
노란색	**gelb**	겔브
갈색	**braun**	브라운
회색	**grau**	그라우
면	**Baumwolle**	바움볼레
실크	**Seide**	자이데
두꺼운	**dick**	딕
헐렁한	**lose**	로제
꼭끼는	**eng**	엥
얇은	**dünn**	뒨
화려한	**auffällig**	아우프펠릭
소박한	**unauffällig**	운아우프펠릭
판매	**der Verkauf**	데어 페어카우프

여름 마감세일	**der Sommerschlussverkauf**
	데어 좀머슐루스페어카우프
겨울 마감세일	**der Winterschlussverkauf**
	데어 빈터슐루스페어카우프
판매원, 점원	**der Verkäufer** 데어 페어코이퍼
엘리베이터	**der Fahrstuhl** 데어 파슈툴
에스컬레이터	**die Rolltreppe** 디 롤트레페
입구	**der Eingang** 데어 아인강
출구	**der Ausgang** 데어 아우스강

계산하기

전부 얼마인가요?	**Was kostet das zusammen?**
	바스 코스텔 다스 쭈잠멘?
여행자 수표로 계산하고 싶은데요?	**Kann ich mit Reiseschecks bezahlen?**
	칸 이히 밋 라이제쉑스 베짤렌?
수표나 신용카드로 결제할 수 있나요?	**Kann ich mit einem Scheck oder einer Kreditkarte bezahlen?**
	칸 이히 밋 아이넴 쉑 오더 아이너 크레디트카르테 베짤렌?
너무 비싸군요.	**Das ist zu teuer.**
	다스 이스트 쭈 토이어
비싼 편은 아니네요.	**Das ist nicht zu teuer.**
	다스 이스트 니히트 쭈 토이어

싸네요.	**Das ist billig.** 다스 이스트 빌리히
이것이 정가입니다.	**Das ist Festpreis.** 다스 이스트 페스트프라이스
계산이 틀립니다.	**Die Rechnung stimmt nicht.** 디 레히눙 슈팀트 니히트
영수증을 주세요.	**Eine Quittung bitte.** 아이네 크비퉁 비테
여기 영수증이 있습니다.	**Hier ist Ihre Quittung.** 히어 이스트 이어레 크비퉁
이 신용카드 사용할 수 있나요?	**Nehmen Sie diese Kreditkarte?** 네멘 지 디제 크레디트카르테?
신용카드 번호를 알려줄 수 있나요?	**Können Sie mir Ihre Kreditkartennummer sagen?** 쾬넨 지 미어 이어레 크레디트카르텐눔머 자겐?
저는 분명히 100유로를 냈습니다.	**Ich hätte doch mit hundert Euro bezahlt.** 이히 헤테 도흐 밋 훈더르트 오이로 베짤트
네, 그러신데요.	**Ja, das stimmt.** 야, 다스 슈팀트
왜 제게 50유로만 주시나요?	**Warum bekomme ich nur vierzig Euro?** 바룸 베콤메 이히 누어 피어찌히 오이로?
잠깐만요. 생각 좀 해보구요.	**Moment, lassen Sie mich mal überlegen.** 모멘트, 라쎈 지 미히 말 위버레겐

아닌데요. 저는 분명히 50유로를 드렸는데요.	**Nein, Ich habe Ihnen wirklich fünfzig Euro zurückgegeben.** 나인, 이히 하베 이넨 비르클리히 퓐프찌히 오이로 쭈뤽게게벤
아! 미안합니다. 맞네요.	**Ach! Schuldigung. Das ist in Ordnung.** 아흐! 슐디궁. 다스 이스트 인 오르드눙

[참고단어와 표현]

*양 념

소금	**das Salz**	다스 잘쯔
식초	**der Essig**	데어 에씩
후추	**der Pfeffer**	데어 펩퍼
마요네즈	**die Mayonnaise**	디 마요네제
케찹	**der Ketchup**	데어 케첩
겨자	**der Senf**	데어 젠프
소스	**die Soße**	디 소제
드레싱	**das Dressing**	다스 드레씽

08 레스토랑에서

예약 및 주문

박하나라는 이름으로 예약을 원합니다.	**Ich habe eine Reservation für Ha-na Park.** 이히 하베 아이네 레절바찌온 퓌어 하나 팍
예약하길 원합니다.	**Ich möchte einen Tisch reservieren lassen.** 이히 뫼히테 아이넨 티쉬 레저비어렌 라쎈
언제요?	**Wann möchten Sie?** 반 뫼히텐 지?
이번주 금요일 저녁 7시로 해 주세요.	**Diesen Freitagabend um 7 Uhr.** 디젠 프라이탁아벤트 움 지벤 우어
어서오세요. 몇 분이시죠?	**Guten Tag. Wie viele Personen?** 구텐 탁. 비 필레 페르조넨?
3명이요.	**Drei.** 드라이
6명이 식사할 수 있는 자리 있나요?	**Haben Sie einen Tisch für sechs Personen?** 하벤 지 아이넨 티쉬 퓌어 젝스 페르조넨?

금연석을 원하시나요?	**Möchten Sie einen Nichtraucherplatz?** 뫼히텐 지 아이넨 니히트라우허플랏쯔?
네.	**Ja, bitte.** 야, 비테
창가 자리를 원합니다.	**Ich möchte einen Tisch am Fenster.** 이히 뫼히테 아이넨 티쉬 암 펜스터
주문 받아 주세요.	**Ich möchte jetzt bestellen.** 이히 뫼히테 예쯔트 베슈텔렌
웨이터!	**Herr Ober!** 헤어 오버!
이 쪽으로 앉으세요.	**Nehmen Sie bitte hier Platz.** 네멘 지 비테 히어 플랏쯔
따라 오세요.	**Kommen Sie mit mir.** 콤멘 지 밋 미어
메뉴판 좀 주세요.	**Die Speisekarte bitte.** 디 슈파이제카르테 비테
웨이터 메뉴판 주세요.	**Herr Ober, die Speisekarte, bitte.** 헤어 오버, 디 슈파이제카르테, 비테
메뉴 여기 있습니다.	**Hier ist die Speisekarte.** 히어 이스트 디 슈파이제카르테
무엇을 드시겠습니까?	**Was hätten Sie gern?** 바스 헤텐 지 게른?
저는 생선을 먹겠습니다.	**Ich nehme Fisch.** 이히 네메 피쉬

전식으로는 토마토 스프를 주세요.	**Als Vorspeise hätte ich gern Tomatensuppe.** 알스 포어슈파이제 헤테 이히 게른 토마텐주페
주요리는 스테이크로 주세요.	**Als Hauptspeise habe ich Steak.** 알스 하우프트슈파이제 하베 이히 스테이크
스테이크는 얼마나 익혀 드릴까요?	**Wie soll ich das Fleisch braten?** 비 졸 이히 다스 플라이쉬 브라텐?
완전히 익혀 주세요.	**Bitte, ganz durchgebraten.** 비테, 간쯔 두르히게브라텐
적당히 익혀 주세요.	**Bitte, halb durchgebraten.** 비테, 할프 두르히게브라텐
후식으로는 사과파이를 주세요.	**Als Nachtisch nehme ich Apfeltorte.** 알스 나흐티쉬 네메 이히 앞펠토리테
음료로는 백포도주를 주세요.	**Zum trinken hätte ich gern Weißwein.** 쭘 트링켄 헤테 이히 게른 바이스바인
저는 맥주를 주세요.	**Ich hätte gerne ein Bier.** 이히 헤테 게어네 아인 비어
오늘의 스페셜 요리가 뭐죠?	**Was können Sie uns heute empfehlen?** 바스 쾬넨 지 운스 호이테 엠펠렌?
이 식당에서 가장 맛있는 요리가 뭐죠?	**Was ist Ihre Spezialität?** 바스 이스트 이어레 슈페찌알리테트?
무엇을 추천해 주실래요?	**Was empfehlen Sie, bitte?** 바스 엠펠렌 지, 비테?

저희 식당에는 금요일에는 항상 싱싱한 생선이 있습니다.	**Am Freitag gibt es immer frischen Fisch hier.** 암 프라이탁 깁 에스 임머 프리쉔 피쉬 히어
쇠고기 요리를 드셔 보세요.	**Ich empfehle Ihnen Rindfleisch zum Essen.** 이히 엠펠레 이넨 린트플라이쉬 쫌 에쎈
네, 그것으로 하겠습니다.	**Ja, Ich nehme dieses.** 야, 이히 네메 디이제스
감자샐러드를 곁들인 구운 소시지와 맥주 주세요.	**Ich möchte Bratwurst mit Kartoffelsalat und ein Bier, bitte.** 이히 뫼히테 브라트부어스트 밋 카르토펠잘라트 운 아인 비어, 비테
전 이 음식을 주문하지 않았어요.	**Das habe ich nicht bestellt.** 다스 하베 이히 니히트 베슈텔트
너무 짜지 않게 해주세요.	**Es sollte nicht zu salzig sein.** 에스 졸테 니히트 쭈 잘찌히 자인
빨리 되는 게 뭔가요?	**Was geht denn schneller?** 바스 게에트 덴 슈넬러?
무엇을 주문하시겠습니까?	**Was wollen Sie bestellen?** 바스 볼렌 지 베슈텔렌?
뭐 좀 더 드릴까요?	**Darf ich Ihnen etwas anbieten?** 다르프 이히 이넨 에트바스 안비텐?
오늘의 메뉴로 주세요.	**Ich nehme das Tagesmenu.** 이히 네메 다스 타게스메뉴
이것은 어떤 요리입니까?	**Was für ein Gericht ist das?** 바스 퓌어 아인 게리히트 이스트 다스?

주문한 것이 잘못 나온 것 같아요.	**Ich glaube, das habe ich nicht bestellt.** 이히 글라우베, 다스 하베 이히 니히트 베슈텔트
음료수는 무엇으로 드릴까요?	**Was möchten Sie trinken?** 바스 뫼히텐 지 트링켄?
주스 주세요.	**Einen Saft, bitte.** 아이넨 자프트, 비테
후추 좀 주세요.	**Können Sie mir bitte den Pfeffer geben?** 쾬넨 지 미어 비테 덴 페퍼 게벤?
어떤 샌드위치를 원하세요?	**Was für Sandwichs möchten Sie?** 바스 퓌어 샌드위치스 뫼히텐 지?
샌드위치에는 무엇을 넣어 드릴까요?	**Welche Sandwich-Füllungen haben Sie?** 벨헤 샌드위치 퓔룽겐 하벤 지?
후식은 뭐로 하실래요?	**Was wünschen Sie zum Nachtisch?** 바스 뷘쉔 지 쭘 나흐티쉬?
체리케이크와 커피 주세요.	**Ich nehme eine Kirschtorte und einen Kaffee.** 이히 네메 아이네 키르쉬토르테 운 아이넨 카페
더 필요한 게 있으세요?	**Sonst noch einen Wunsch?** 존스트 노흐 아이넨 분쉬?
아니오.	**Nein.** 나인

계산서를 가져다 주세요.	**Kann ich bitte die Rechnung haben.** 칸 이히 비테 디 레히눙 하벤
웨이터 계산해 주세요.	**Herr Ober, zahlen, bitte.** 헤어 오버, 짤렌, 비테
18유로입니다.	**Achtzehn Euro, bitte.** 아흐쩬 오이로, 비테
계산이 틀린 것 같은데요.	**Ich glaube, da ist ein Fehler in der Rechnung.** 이히 글라우베, 다 이스트 아인 펠러 인 데어 레히눙
식사 어떠셨어요?	**Wie schmeckt das Essen?** 비 슈멕 다스 에쎈?
맛있게 드셨나요?	**Hat es Ihnen geschmeckt?** 핫 에스 이넨 게슈멕트?
맛있어요.	**Es schmeckt gut.** 에스 슈멕 굿
아주 훌륭해요.	**Es schmeckt wunderbar.** 에스 슈멕 분더바
맛 좋아요.	**Lecker.** 렉커
맛 없어요.	**Es schmeckt nicht.** 에스 슈멕 니히트
너무 달아요.	**Es schmeckt zu süß.** 에스 슈멕 쭈 쥐스
햄버거 하나 주세요.	**Einen Hamburger bitte.** 아이넨 함부어거 비테

여기서 드실 건가요? 가져가실 건가요?	**Hier essen, oder mitnehmen?** 히어 에쎈, 오더 밋네멘?
여기서 먹을 거예요.	**Ich esse hier.** 이히 에세 히어
죄송합니다. 여기 자리 비었나요?	**Entschuldigen Sie, ist hier noch ein Platz frei?** 엔트슐디겐 지, 이스트 히어 노흐 아인 플라쯔 프라이?
네, 앉으세요.	**Ja, bitte setzen Sie sich.** 야, 비테 제쩬 지 지히
제가 커피 한 잔 사도 괜찮을까요?	**Darf ich Sie zum Kaffee einladen?** 다르프 이히 지 쭘 카페 아인라덴?
제가 소호식당에 당신을 초대해도 되겠습니까?	**Darf ich Sie ins Restaurant "Soho" einladen?** 다르프 이히 지 인스 레스토란트 소호 아인라덴?
한 턱 내라!	**Du musst einen ausgeben!** 두 무스 아이넨 아우스게벤!
그러지. 다음 잔은 내가 낼게.	**Klar! Die nächste Runde geht auf mich.** 클라! 디 넥스테 룬데 게에트 아우프 미히
좋은 생각했다.	**Das ist eine gute Idee.** 다스 이스트 아이네 굿테 이데
맛있게 드세요!	**Guten Appetit!** 구텐 아페티트!
남은 시간 즐겁게 보내세요.	**Ich wünsche Ihnen schönen Tag noch.** 이히 뷘쉐 이넨 쇠넨 탁 노흐

당신은 블랙 커피를 마십니까? 아니면 프림과 설탕을 넣습니까?	**Trinken Sie Kaffee schwarz oder mit Milch und Zucker?** 트링켄 지 카페 슈바르쯔 오더 밋 밀히 운 쭈커?
저는 블랙 커피를 마십니다.	**Ich trinke meinen Kaffee schwarz.** 이히 트링케 마이넨 카페 슈바르쯔
저는 커피에 프림은 넣어 마시지만 설탕은 넣지 않습니다.	**Ich trinke meinen Kaffee mit Milch aber ohne Zucker.** 이히 트링케 마이넨 카페 밋 밀히 아버 오네 쭈커

[참고단어와 표현]

흡연자	**Raucher**	라우허
비흡연자	**Nichtraucher**	니히트 라우허
배고픈	**hungrig**	훙그리히
배부른	**satt**	자트
셀프서비스	**Selbstbedienung**	젤프스트베디눙

*요 리

쇠고기	**das Rindfleisch**	다스 린트플라이쉬
송아지 고기	**das Kalbfleisch**	다스 칼프플라이쉬
돼지고기	**das Schweinefleisch**	다스 슈바이네플라이쉬
양고기	**das Hammelfleisch**	다스 함멜플라이쉬
치즈	**der Käse**	데어 케제
돈까스	**das Schweinekotelett**	다스 슈바이네코텔렡
양고기 커틀릿	**das Lammkotelett**	다스 람코텔렡

토끼고기	**das Kaninchen**	다스 카닌헨
오리고기	**die Ente**	디 엔테
햄	**der Schinken**	데어 슁켄
파스타	**die Pastete**	디 파스테테
스프	**die Suppe**	디 주페
햄버거	**der Hamburger**	데어 함부어거
피자	**die Pizza**	디 핏짜
감자튀김(복수)	**die Pommes frites**	디 포메스 프리츠
스파게티	**die Spaghetti**	디 슈파게티
애플파이	**der Apfelkuchen**	데어 아펠쿠헨
후라이드 치킨	**das Hähnchen**	다스 헨셴
샐러드	**der Salat**	데어 잘라트
빵	**das Brot**	다스 브로트
팬케이크	**der Pfannkuchen**	데어 판쿠헨
요구르트	**der Joghurt**	데어 요거트

*생 선

생선	**der Fisch**	데어 피쉬
게	**die Krabbe**	다스 크라베
새우	**die Garnelle**	디 가르넬레
굴	**die Auster**	디 아우스터
가재	**der Hummer**	데어 훔머
조개	**die Muschel**	디 무쉘
송어	**die Forelle**	디 포렐레

연어	der Lachs	데어 락스
청어	der Hering	데어 헤링

*음 료

음료	das Getränk	다스 게트렝크
물	das Wasser	다스 바써
미네랄 워터	das Mineralwasser	다스 미네랄바써
커피	der Kaffee	데어 카페
맥주	das Bier	다스 비어
백포도주	der Weißwein	데어 바이스바인
적포도주	der Rotwein	데어 로트바인
사과주	der Apfelwein	데어 앞펠바인
우유	die Milch	디 밀히
빨대	der Strohhalme	데어 스트로할메
차	der Tee	데어 테
핫쵸코	die Schokolade	디 쇼콜라데
오렌지 주스	der Orangensaft	데어 오랑젠자프트
사과쥬스	der Apfelsaft	데어 앞펠자프트
레몬쥬스	die Limonade	디 리모나데

*야 채

야채	das Gemüse	다스 게뮈제
당근	die Karotte	디 카로테
오이	die Gurke	디 구어케
감자	die Kartoffel	디 카토펠

토마토	**die Tomate**	디 토마테
그린 셀러드	**der Blattsalat**	데어 브라트잘라트
버섯	**der Pilz**	데어 필쯔
완두콩	**die grüne Bohne**	디 그뤼네 보네
양파	**die Zwiebel**	디 쯔비벨
파	**der Lauch**	데어 라우흐
배추	**der Chinakohl**	데어 히나콜
마늘	**der Knoblauch**	데어 크노블라우흐
무	**der Rettich**	데어 레티히

*과 일

과일	**das Obst**	다스 옵스트
사과	**der Apfel**	데어 앞펠
배	**die Birne**	디 비르네
복숭아	**der Pfirsich**	데어 피르지쉬
포도	**die Traube**	디 트라우베
딸기	**die Erdbeere**	디 에르트베레
산딸기	**die Himbeere**	디 힘멜베레
오렌지	**die Orange**	디 오랑제
파인애플	**die Ananas**	디 아나나스
멜론	**die Melone**	디 멜로네
살구	**die Aprikose**	디 아프리코제
체리	**die Kirsche**	디 키르쉐
바나나	**die Banane**	디 바나네
레몬	**die Zitrone**	디 찌트로네

09 전화 걸기

전화 통화

여보세요!	**Hallo!** 할로!
박하나라고 합니다. 하이케 있나요?	**Hier spricht Ha-na Park. Ist Heike da?** 히어 슈프리히트 하나 팍. 이스트 하이케 다?
미스터 마이어씨와 통화할 수 있나요?	**Kann ich mit Herrn Meier sprechen?** 칸 이히 밋 헤른 마이어 슈프레헨?
마이어씨와 통화하고 싶습니다.	**Ich möchte gern mit Herrn Meier sprechen.** 이히 뫼히테 게른 밋 헤른 마이어 슈프레헨
마이어씨 계십니까?	**Ist Herr Meier zu sprechen?** 이스트 헤른 마이어 쭈 슈프레헨?
예, 잠깐 기다리세요.	**Ja, einen Moment, bitte.** 야, 아이넨 모멘트, 비테
네, 접니다.	**Am Apparat.** 암 아파라트
제가 곧 다시 전화 드려도 될까요?	**Darf ich Sie gleich zurückrufen?** 다르프 이히 지 글라이히 쭈뤽루펜?

그녀는 지금 없는데요.	**Sie ist im Moment nicht da.** 지 이스트 임 모멘트 니히트 다
그녀는 지금 집에 없습니다.	**Sie ist momentan nicht im Haus.** 지 이스트 모멘탄 니히트 임 하우스
그녀가 언제 돌아올 지 저는 잘 모르겠습니다.	**Ich weiß nicht, wann sie wieder da ist.** 이히 바이스 니히트, 반 지 비더 다 이스트
그는 지금 다른 사람과 통화 중입니다.	**Er spricht auf der anderen Leitung.** 에어 슈프리히트 아우프 데어 안더렌 라이퉁
메모를 남겨도 될까요?	**Kann ich eine Nachricht hinterlassen?** 칸 이히 아이네 나흐리히트 힌터라쎈?
메모를 남겨 드릴까요?	**Möchten Sie eine Nachricht hinterlassen?** 뫼히텐 지 아이네 나흐리히트 힌터라쎈?
연락번호를 남기면 전화하라고 전할게요.	**Wenn Sie Ihre Nummer hinterlassen, wird sie zurückrufen.** 벤 지 이어레 눔머 힌터라쎈, 비르트 지 쭈뤽루펜
제가 나중에 다시 걸겠습니다. 그가 언제 올지 아세요?	**Ich rufe später noch mal an. Wissen Sie, wann er zurückkommt?** 이히 루페 슈페터 노흐 말 안. 비쎈 지, 반 에어 쭈뤽콤트?
한 시간 후에 올 거예요.	**In einer Stunde.** 인 아이너 슈툰데

나중에 다시 걸겠습니다.	**Ich werde später noch einmal anrufen.** 이히 베르데 슈페터 노흐 아인말 안루펜
전화 잘못 걸었습니다.	**Sie haben falsche Nummer gewählt.** 지 하벤 팔쇠 눔머 게벨트
전화 거시는 분 전화번호가 어떻게 됩니까?	**Wie ist Ihre Telefonnummer?** 비 이스트 이어레 텔레폰눔머?
제 전화번호는 06131-3369991입니다.	**Meine Telefonnummer ist 06131-3369991.** 마이네 텔레폰눔머 이스트 눌 젝스 아인스 드라이 아인스, 드라이 드라이 젝스 노인 노인 노인 아인스
좀 더 천천히 말씀해 주세요.	**Sprechen Sie bitte noch langsamer.** 슈프레헨 지 비테 노흐 랑잠머
좀 더 크게 말씀해 주세요.	**Sprechen Sie bitte noch lauter.** 슈프레헨 지 비테 노흐 라우터
그에게 전화해 주세요.	**Rufen Sie ihn an!** 루펜 지 인 안!
다음에 통화합시다.	**Auf Wiederhören!** 아우프 비더회렌!
전화카드는 어디서 팔지요?	**Wo kann ich eine Telefonkarte kaufen?** 보 칸 이히 아이네 텔레폰카르테 카우펜?
이 전화는 고장입니다.	**Das Telefon ist kaputt.** 다스 텔레폰 이스트 카풋

안녕하십니까? TA 주식회사입니다.	**TA GmbH Guten Tag.** 테아 게임베하 구텐 탁
안녕하십니까? 구매부 좀 부탁합니다.	**Guten Tag. Die Einkaufsabteilung, bitte.** 구텐 탁. 디 아인카웁스압타일룽, 비테
잠시만 기다리세요. 연결해 드리겠습니다.	**Moment, bitte, ich verbinde.** 모멘트, 비테, 이히 페어빈데
구매부 마이어입니다.	**Einkauf, Maier.** 아인카우프, 마이어
제가 보낸 팩스를 받으셨는지 확인하고 싶습니다.	**Ich wollte Sie bestätigen, ob Sie mein Fax schon erhalten haben.** 이히 볼테 지 베슈테티겐, 옵 지 마인 팍스 숀 에어할텐 하벤
네, 받았습니다.	**Ich habe Ihr Fax erhalten.** 이히 하베 이어 팍스 에어할텐
TA 코리아사의 박하나입니다. 크랩스 씨와 약속을 잡고 싶습니다.	**TA Korea mein Name ist Ha-na Park. Ich möchte einen Termin mit Herrn Krebs vereinbaren.** 테아 코레아 마인 나메 이스트 하나 팍. 이히 뫼히테 아이넨 테르민 밋 헤른 크렙스 페어아인바렌
예, 성함이 어떻게 된다고 하셨죠?	**Ja, wie war der Name bitte?** 야, 비 바 데어 나메 비테?
박입니다.	**Park.** 팍

알파벳을 불러 주시겠습니까?	**Können Sie das bitte buchstabieren?** 쾬넨 지 다스 비테 부흐슈타비렌?
피 에이 알 케이.	**P A R K.** 페 아 에르 카
감사합니다. 박양. 화요일 11시 10분 어떠십니까?	**Danke. Frau Park, passt es Ihnen Dienstag, 11.10 Uhr?** 당케. 푸라우 팍, 파스트 에스 이넨 딘스탁, 엘프 우어 첸?
예, 좋습니다. 화요일날 뵙겠습니다.	**Ja, das geht. Treffen wir uns am Dienstag.** 야, 다스 게트. 트레펜 비어 운스 암 딘스탁
우리 월요일 9시에 만납시다.	**Treffen wir uns am Montag um neun Uhr.** 트레펜 비어 운스 암 몬탁 움 노인 우어
저는 화요일 10시 30분이 더 좋겠습니다.	**Dienstag um zehn Uhr dreißig passt mir besser.** 딘스탁 움 첸 우어 드라이씨히 파스트 미어 베써
좋습니다. 그러죠. 그럼, 화요일 10시 30분에 만나요. 또 전화합시다.	**Also, gut. Dienstag um zehn Uhr dreißig. Wiederhören!** 알조, 굿. 딘스탁 움 첸 우어 드라이씨히. 비더회렌!
제가 월요일 오전 10시에 다시 전화 드리겠습니다.	**Ich rufe Montag noch mal an, um zehn Uhr morgens.** 이히 루페 몬탁 노흐말 안, 움 첸 우어 모르겐스

죄송합니다. 월요일에는 안되겠습니다. 화요일에 통화해도 되겠습니까?	**Es tut mir leid. Montag ist nicht möglich. Können wir am Dienstag telefonieren?** 에스 투트 미어 라이트. 몬탁 이스트 니히트 뫼글리히. 쾬넨 비어 암 딘스탁 텔레포니렌?
수요일 8시 30분이 저한테는 더 편합니다.	**Mittwoch passt mir besser, um halb neun.** 미트보흐 파스트 미어 베써, 움 할프 노인
예, 좋습니다. 수요일 8시 30분으로 합시다. 다시 전화합시다.	**Also, gut. Mittwoch um halb neun. Wiederhören!** 알조, 굿. 미트보흐 움 할프 노인. 비더회렌!
금요일에 가능한가요?	**Wäre Freitag möglich?** 베레 프라이탁 뫼글리히?
목요일이 제게는 더 좋습니다.	**Donnerstag passt mir besser.** 돈너스탁 파스트 미어 베써
1시 반쯤 만나는 건 어때요?	**Ist es möglich, dass wir uns so gegen halb zwei treffen?** 이스트 에스 뫼글리히, 다스 비어 운스 조 게겐 할프 쯔바이 트레펜?
1시 반에 만나는 건 어렵습니다. 2시에 만나는 건 어떻습니까?	**Halb zwei ist schlecht. Wäre zwei Uhr möglich?** 할프 쯔바이 이스트 슐레히트. 베레 쯔바이 우어 뫼글리히?
알겠습니다. 프랑크푸르트에서 뵙는 거죠?	**Alles klar. In Frankfurt ist das?** 알레스 클라. 인 프랑크프르트 이스트 다스?

약속을 취소해야 겠습니다.	**Ich muss diesen Termin absagen.** 이히 무쓰 디젠 테르민 압자겐
저희 회사는 지금 영업시간이 끝났습니다.	**Unsere Firma ist zurzeit geschlossen.** 운저레 피르마 이스트 쭈어 짜이트 게슐로쎈
저희 회사의 영업시간은 9시부터 오후 5시까지입니다.	**Unsere Geschäftszeiten sind 9 bis 17 Uhr.** 운저레 게쇠프츠짜이텐 진 노인 비스 집쩬 우어
메모를 남기시면 됩니다.	**Sie können eine Nachricht hinterlassen.** 지 퀸넨 아이네 나흐리히트 힌터라쎈
미스터 김에게 전화했나요?	**Haben Sie Herrn Kim angerufen?** 하벤 지 헤른 킴 안게루펜?
아 맞다! 그걸 까먹었네.	**Ach Gott! Das habe ich vergessen.** 아흐 곧! 다스 하베 이히 페어게쎈

10 은행에서

은행에서 일보기

돈 바꾸려면 어느 창구로 가야 하지요?	**Zu welchem Schalter gehe ich zum Geldwechseln?** 쭈 벨헴 샬터 게에 이히 쭘 겔트벡셀른?
여행자 수표를 바꾸고 싶은데요.	**Ich möchte bitte einige Reiseschecks einlösen.** 이히 뫼히테 비테 아이니게 라이제쉑스 아인뢰젠
계좌를 하나 열고 싶은데요.	**Ich möchte ein Konto eröffnen.** 이히 뫼히테 아인 콘토 에어외프넨
저축계좌로 하시겠어요 아니면 지로계좌로 하시겠어요?	**Wollen Sie ein Sparkonto oder ein Girokonto?** 볼렌 지 아인 슈파콘토 오더 아인 지로콘토?
내 계좌에 돈을 넣고 싶습니다.	**Ich möchte mein Geld in mein Konto einzahlen.** 이히 뫼히테 마인 겔트 인 마인 콘토 아인짤렌
내 계좌에서 돈을 좀 꺼내고 싶습니다.	**Ich möchte etwas Geld von meinem Konto auszahlen.** 이히 뫼히테 에트바스 겔트 폰 마이넴 콘토 아우스짤렌

계좌에서 돈을 인출하고 싶습니다.	**Ich möchte Geld von meinem Konto abheben.** 이히 뫼히테 겔트 폰 마이넴 콘토 압헤벤
수수료를 내야 하나요?	**Muss ich Gebühr bezahlen?** 무스 이히 게뷔어 베짤렌?
유로 환율이 어떻게 되지요?	**Was ist der Wechselkurs für Euro?** 바스 이스트 데어 벡셀쿠어스 퓌어 오이로?
어디에 싸인을 해야 하지요?	**Wo muss ich unterschreiben?** 보 무스 이히 운터슈라이벤?
오늘이 며칠이죠?	**Welches Datum haben wir heute?** 벨헤스 다툼 하벤 비어 호이테?
몇 시에 은행을 열지요?	**Um wie viel Uhr macht die Bank auf?** 움 비 필 우어 마흐트 디 방크 아우프?
몇 시에 은행을 닫나요?	**Um wie viel Uhr schließt die Bank?** 움 비 필 우어 슐리스트 디 방크?

[참고단어와 표현]

돈	**das Geld**	다스 겔트
지폐	**der Geldschein**	데어 겔트샤인
동전	**die Münze**	디 뮌쩨
수표	**der Scheck**	데어 쉑

유로	**der Euro**	데어 오이로
여행자수표	**der Reisescheck**	데어 라이제쉑
창구	**der Schalter**	데어 쉴터
서명	**die Unterschrift**	디 운터슈리프트
날짜	**Das Datum**	다스 다툼
이름	**der Vorname**	데어 포어나메
성	**der Nachname**	데어 나흐나메
주소	**die Adresse**	디 아드레쎄
우편번호	**die Postleitzahl**	디 포스트라이트짤

11 우체국에서

우체국에서 일보기

우체국이 어디 있나요?	**Wo lieg die Post?** 보 릭 디 포스트?
우체통이 어디 있나요?	**Wo ist die Briefkasten?** 보 이스트 디 브리프카스텐?
소포 창구는 어디입니까?	**Wo ist der Paketschalter?** 보 이스트 데어 파켙샬터?
편지를 어떻게 보내시겠습니까?	**Wie möchten Sie den Brief schicken?** 비 뫼히텐 지 덴 브리프 쉭켄?
보통으로 보내주세요.	**Normal bitte.** 노르말 비테
얼마예요?	**Was kostet das?** 바스 코스텔 다스?
우표 드릴까요?	**Möchten Sie Briefmarken?** 뫼히텐 지 브리프마르켄?
얼마짜리 우표를 붙여야 합니까?	**Wie viele Briefmarken muss ich drauf kleben?** 비 필레 브리프마르켄 무쓰 이히 드라우프 클레벤?

어디로 보낼 건가요?	**Wohin wollen Sie es schicken?** 보힌 볼렌 지 에스 쉬켄?
이 편지를 항공우편으로 한국에 보내고 싶습니다.	**Ich möchte diesen Brief mit Luftpost nach Korea senden.** 이히 뫼히테 디이젠 브리프 밋 루프트포스트 나흐 코레아 젠덴
한국에 엽서 보내는데 얼마죠?	**Was kostet eine Postkarte nach Korea?** 바스 코스텔 아이네 포스트카르테 나흐 코레아?
4유로 50입니다.	**4 Euro 50.** 피어 오이로 퓐프찌히
4유로 50짜리 우표 주세요.	**Geben Sie mir dann Briefmarken für 4 Euro 50.** 게벤 지 미어 단 브리프마르켄 퓌어 오이로 퓐프찌히
1유로짜리 우표 3장 주세요.	**Drei Briefmarken für je 1 Euro bitte.** 드라이 브리프마르켄 퓌어 예 아인 오이로 비테
이 소포를 한국으로 보내고 싶습니다.	**Ich möchte dieses Paket nach Korea verschicken.** 이히 뫼히테 디제스 파켙 나흐 코리아 페어쉬켄
이 소포를 항공우편으로 한국에 보내고 싶어요.	**Ich möchte dieses Paket per Luftpost nach Korea schicken.** 이히 뫼히테 디제스 파켙 퍼 루프트포스트 나흐 코레아 쉬켄
그런데 얼마나 걸립니까?	**Wie lange dauert das denn?** 비 랑에 다우어트 다스 덴?

10유로짜리 공중전화 카드 주세요.	**Ich brauche eine Telefonkarte für 10 Euro.** 이히 브라우헤 아이네 텔레폰카르테 퓌어 첸 오이로
이 서류를 작성해 주세요.	**Füllen Sie bitte dieses Formular aus.** 퓔렌 지 비테 디이제스 포뮬라 아우스
내용물이 뭔가요?	**Welchen Inhalt hat es?** 벨헨 인할트 핫 에스?
소포를 저울에 올려주세요.	**Würden Sie bitte dieses Paket für mich wiegen?** 뷔르덴 지 비테 디제스 파켙 퓌어 미히 비겐?
한국까지 얼마나 걸리나요?	**Wie lange dauert es bis nach Korea?** 비 랑에 다우어트 에스 비스 나흐 코레아?
보통 한 5일 정도 걸려요.	**Es dauert in der Regel etwa fünf Tage lang.** 에스 다우어트 인 데어 레겔 에트바 퓐프 타게 랑
소포를 보험에 드시겠어요?	**Möchten Sie für das Parket versichern lassen?** 뫼히텐 지 퓌어 다스 파켙 페어지혀른 라쎈?
우체통이 어디 있나요?	**Wo ist der Briefkasten?** 보 이스트 데어 브리프카스텐?
여기에서 국제 전화를 걸 수 있습니까?	**Kann ich hier ins Ausland telefonieren?** 칸 이히 히어 인스 아우스란트 텔레포니렌?

우체국은 토요일에도 여나요?	**Ist das Postamt samstags offen?** 이스트 다스 포스트암트 잠스탁스 오펜?
네, 토요일은 1시까지 엽니다.	**Ja, es ist samstags bis um 1 Uhr offen.** 야, 에스 이스트 잠스탁스 비스 움 아인 우어 오펜
평일에는 몇 시까지 엽니까?	**Bis um wie viel Uhr ist das Postamt am Arbeitstag offen?** 비스 움 비 필 우어 이스트 다스 포스트암트 암 아르바이쯔탁 오펜?
일요일에도 여나요?	**Am Sonntag offen?** 암 존탁 오펜?
아니오, 열지 않아요.	**Nein, nicht offen.** 나인, 니히트 오펜
점심 휴식 시간이 있나요?	**Gibt es eine Mittagspause?** 깁트 에스 아이네 밑탁스파우제?
예, 있습니다.	**Ja, gibt es.** 야, 깁트 에스
아니오, 없습니다.	**Nein, gibt es nicht.** 나인, 깁트 에스 니히트
점심 휴식 시간이 얼마나 되나요?	**Wie lange dauert die Mittagspause?** 비 랑에 다우어트 디 밑탁스파우제?
몇 시에 시작하나요?	**Um wie viel Uhr beginnt sie?** 움 비 필 우어 베긴트 지?

[참고단어와 표현]

소포	das Paket	다스 파켓
편지	der Brief	데어 브리프
엽서	die Postkarte	디 포스트카르테
우표	die Briefmarke	디 브리프마르케
등기	das Einschreiben	다스 아인슈라이벤
속달	die Eilpost	디 아일포스트
특급우편	die Expresspost	디 익스프레스포스트
배달	zustellen	쭈스텔렌
상자	der Karton	데어 카통
연하장	die Neujahrskarte	디 노이야스카르테
크리스마스카드	die Weihnachtskarte	디 바이나흐츠카르테
우편배달부	der Briefträger	데어 브리프트레거
공중전화	die Telefonzelle	디 텔레폰쩰레
지역번호	die Vorwahlnummer	디 포어발눔머
수신자부담 전화	das R-Gespräch	다스 에르 게슈프레흐
전화번호부	das Telefonbuch	다스 텔레폰부흐
우체국	das Postamt	다스 포스트암트
봉투	der Umschlag	데어 움슐락
발신인	der Absender	데어 압젠더
수신인	der Empfänger	데어 엠펭어

12 병원에서

병원 예약 및 처방

안녕하세요? 대학병원입니다.	**Guten Tag? Hier ist Uni-Klinik.** 구텐 탁. 히어 이스트 우니 클리닉
예약하셨나요?	**Haben Sie schon reserviert?** 하벤 지 숀 레저비어트?
예, 예약했습니다.	**Ja, schon.** 야, 숀
몇 시에 예약하셨어요?	**Um wie viel Uhr haben Sie reserviert?** 움 비 필 우어 하벤 지 레저비어트?
2시에 예약했습니다.	**Um 2 Uhr.** 움 쯔바이 우어
성이 어떻게 됩니까?	**Was ist Ihr Nachname (Familienname)?** 바스 이스트 이어 나흐나메(파밀리엔나메)?
천식이 있습니다.	**Ich leide an Asthma.** 이히 라이데 안 아스트마
저를 따라 오세요.	**Folgen Sie mir.** 폴겐 지 미어

예약을 하고 싶습니다.	**Ich möchte mich reservieren.** 이히 뫼히테 미히 레저비어렌
언제가 가능한가요?	**Wann ist es möglich?** 반 이스트 에스 뫼글리히?
다음주 수요일 어떠세요?	**Passt es Ihnen kommenden Mittwoch?** 파스트 에스 이넨 콤멘덴 미트보흐?
예, 좋습니다.	**Ja, es passt mir.** 야, 에스 파스트 미어
일주일 후에 오세요.	**Kommen Sie in einer Woche.** 콤멘 지 인 아이너 보헤
다음달 5일에 오세요.	**Kommen Sie am 5 nächsten Monat.** 콤멘 지 암 퓐프텐 넥스텐 모나트
어디가 아파서 오셨어요?	**Was fehlt Ihnen?** 바스 펠트 이넨?
어디가 아프세요?	**Was ist los?** 바스 이스트 로스?
어떠세요?	**Wie fühlen Sie sich?** 비 퓔렌 지 지히?
좋지 않습니다. 아파요.	**Nicht gut. Ich bin krank.** 니히트 굿. 이히 빈 크랑크
목이 아픕니다.	**Mir tut der Hals weh.** 미어 투트 데어 할스 베
저는 목이 아픕니다.	**Der Hals tut mir weh.** 데어 할스 투트 미어 베

저는 목에 통증이 있습니다.	**Ich habe Halsschmerzen.** 이히 하베 할스슈메르쩬
머리가 아픕니다.	**Mir tut der Kopf weh.** 미어 투트 데어 코프 베
제 머리가 아픕니다.	**Der Kopf tut mir weh.** 데어 코프 투트 미어 베
두통이 있습니다.	**Ich habe Kopfschmerzen.** 이히 하베 코프슈메르쩬
치통이 있습니다.	**Ich habe Zahnschmerzen.** 이히 하베 쩬슈메르쩬
감기 걸리셨나요?	**Sind Sie erkältet?** 진 지 에어켈테트?
네, 감기에 걸렸어요.	**Ja, Ich bin erkältet.** 야, 이히 빈 에어켈테트
아니요, 감기에 걸리지 않았습니다.	**Nein, ich habe mich nicht erkältet.** 나인, 이히 하베 미히 니히트 에어켈테트
배가 아파요.	**Ich habe Bauchschmerzen.** 이히 하베 바우흐슈메르쩬
열이 납니다.	**Ich habe Fieber.** 이히 하베 피버
여기가 너무 아파요.	**Hier tut so weh.** 히어 투트 조 베
어지러워요.	**Mir ist schwindlig.** 미어 이스트 슈빈드릭

전에도 이런 적이 있나요?	**Ist das schon früher einmal passiert?** 이스트 다스 숀 푸뤼어 아인말 파씨어르트?
이가 아파요.	**Ich habe Zahnschmerzen.** 이히 하베 짼슈메르쩬
기침이나 가래는 없었나요?	**Haben Sie Husten oder Schleimbildung?** 하벤 지 후스텐 오더 슐라임빌둥?
감기는 어떠세요?	**Wie geht es Ihrer Erkältung?** 비 게에트 에스 이어러 에어켈퉁?
예, 많이 좋아졌어요.	**Ja, schon verbessert.** 야, 숀 페어베써르트
심하진 않아요.	**Es ist nicht so schlimm.** 에스 이스트 니히트 조 슐림
진통제를 좀 주실 수 있나요?	**Können Sie mir Medikament gegen die Schmerzen geben?** 쾬넨 지 미어 메디카멘트 게겐 디 슈메르쩬 게벤?
벌에 쏘였어요.	**Ich bin von einer Biene gestochen worden.** 이히 빈 폰 아이너 비네 게슈토쉔 보르덴
저는 먼지 알러지가 있어요.	**Ich habe Staubalergie.** 이히 하베 슈타웁알러지
손이 부었어요.	**Mein Hand ist geschwollen.** 마이네 한트 이스트 게슈볼렌
여기 처방전입니다.	**Hier ist ein Rezept für Tabletten.**

히어 이스트 아인 레쩹트 퓌어 타블레텐

하루 3번 식후에 복용하세요.	**Nehmen Sie eine dreimal täglich, nach jeder Mahlzeit.** 네멘 지 아이네 드라이말 테글리히, 나흐 예더 말짜이트
병원에 가볼 것을 권합니다.	**Ich rate Ihnen, zum Krankenhaus zu gehen.** 이히 라테 이넨, 쭘 크랑켄하우스 쭈 게엔
수술을 해야 합니다.	**Sie sollten operiert werden.** 지 졸텐 오퍼리어트 베어덴
임신하셨습니다.	**Sie sind schwanger.** 지 진트 슈방어
커피를 마시지 마십시오.	**Sie dürfen keinen Kaffee trinken.** 지 뒤어펜 카이넨 카페 트링켄
술을 마시지 마십시오.	**Sie dürfen keinen Alkohol trinken.** 지 뒤어펜 카이넨 알코홀 트링켄
담배를 피우면 안됩니다.	**Sie dürfen nicht rauchen.** 지 뒤어펜 니히트 라우헨

[참고단어와 표현]

*신 체

머리	**der Kopf**	데어 코프
얼굴	**das Gesicht**	다스 게지히트
눈	**das Auge**	다스 아우게
코	**die Nase**	디 나제
귀	**das Ohr**	다스 오어
입	**der Mund**	데어 문트
목	**der Hals**	데어 할스
팔	**der Arm**	데어 암
다리	**das Bein**	다스 바인
어깨	**die Schulter**	디 슐터
가슴	**die Brust**	디 브루스트
배	**der Bauch**	데어 바우흐
손	**die Hand**	디 한트
손가락	**der Finger**	데어 핑거
발	**der Fuß**	데어 푸쓰
발가락	**die Zehe**	디 쩨에
심장	**das Herz**	다스 헤어쯔
간	**die Leber**	디 레버
신장	**die Niere**	디 니어레
위	**der Magen**	데어 마겐
폐	**die Lunge**	디 룽에

뇌	das Gehirn	다스 게히른

*질 병

감기	die Erkältung	디 에어켈퉁
두통	Kopfschmerzen	코프슈메르쩬
소화불량	Verdauungsproblem	페어다우웅스프로블렘
변비	Verstopfung	페어슈톱풍
설사	Durchfall	두르히팔
기관지염	Bronchitis	브론치티스
폐렴	Lungenentzündung	룽겐엔쮠둥
염증	Entzündung	엔쮠둥
복통	Magenschnerzen	마겐슈메르쩬
구토	Erbrechen	에어브레헨
치통	Zahnschmerzen	짠슈메르쩬
신경통	Nervenschmerzen	네르벤슈메르쩬
암	Krebs	크렙스

13 사고 분실시

도움 요청

도움이 필요하십니까? 그러면 바로 전화 주십시오.	**Brauchen Sie Hilfe? Dann rufen Sie mich einfach an.** 브라우헨 지 힐페? 단 루펜 지 미히 아인파흐 안
도와 주세요.	**Helfen Sie mir, bitte.** 헬펜 지 미어, 비테
저 좀 도와 주실 수 있으세요?	**Können Sie mir bitte helfen?** 쾬넨 지 미어 비테 헬펜?
도와 드릴까요?	**Kann ich Ihnen helfen?** 칸 이히 이넨 헬펜?
무슨 일 있니?	**Was ist mit dir?** 바스 이스트 밋 디어?
무슨 일입니까?	**Was ist denn los?** 바스 이스트 덴 로스?
여권을 분실했습니다.	**Ich habe meinen Reisepass verloren.** 이히 하베 마이넨 라이제파스 페얼로렌
제 가방을 잃어버렸어요.	**Ich habe meine Brieftasche verloren.** 이히 하베 마이네 브리프타쉐 페어로렌

노란색 가방 말인가요?	**Sie meinen eine gelbe?** 지 마이넨 아이네 겔베?
걱정 마세요. 우리가 당신의 물건을 보관하고 있습니다.	**Keine Sorge! Wir haben Ihren sachen.** 카이네 조르게! 비어 하벤 이어렌 자헨
언제 가지러 오실래요?	**Wann holen Sie sie ab?** 반 홀렌 지 지 압?
지금 바로 가겠습니다.	**Jetzt sofort.** 예쯔트 조포르트
어디에서 당신의 가방을 잃어버렸나요?	**Wo haben Sie Ihre Tasche verloren?** 보 하벤 지 이어레 타쉐 페얼로렌?
택시에 두고 내렸어요.	**Ich habe sie im Taxi liegen lassen.** 이히 하베 지 임 탁시 리겐 라쎈
버스에 두고 내렸어요.	**Ich habe sie im Bus liegen lassen.** 이히 하베 지 임 부스 리겐 라쎈
가방 안에 뭐가 들어 있었죠?	**Was war in der Tasche?** 바스 바 인 데어 타쉐?
지갑과 여권이 들어 있어요.	**Es war eine Geldtasche und ein Reisepass darin.** 에스 바 아이네 겔트타쉐 운 아인 라이제파쓰 다린
어떻게 생겼나요?	**Wie sieht er aus?** 비 지트 에어 아우스?

크지 않고 검정색입니다.	**Er ist nicht groß und schwarz.**
	에어 이스트 니히트 그로쓰 운 슈바르쯔
지갑 안에는 무엇이 있나요?	**Was war in der Geldtasche?**
	바스 바 인 데어 겔트타쉐?
현금 조금과 신용카드가 있습니다.	**Es war paar Bargeld und eine Karte.**
	에스 바 파 바겔트 운 아이네 카르테
얼마 짜리인가요?	**Wie viel ist er wert?**
	비 필 이스트 에어 베어트?
물건에 이름을 써놓으셨나요?	**Hatten Sie ihn mit ihrem Namen drauf schreiben?**
	하텐 지 인 밋 이어렘 나멘 드라우프 슈라이벤?
연락처를 남겨 주세요.	**Geben Sie mir bitte Ihre Anschrift.**
	게벤 지 미어 비테 이어레 안슈리프트
이름과 주소를 알려 주시겠어요?	**Kann ich bitte Ihren Namen und Ihre Adresse haben?**
	칸 이히 비테 이어렌 나멘 운 이어레 아드레쎄 하벤?
찾는 대로 곧 알려 드릴게요.	**Ich gebe Ihnen sofort Bescheid, sobald Ihre Tasche gefunden wird.**
	이히 게베 이넨 조포르트 베샤이트, 조발트 이어레 타쉐 게푼덴 비어트
사고가 났어요.	**Ein Unfall ist passiert.**
	아인 운팔 이스트 파씨어르트

어쩌다가 사고가 났나요?	**Wie ist der Unfall passiert?** 비 이스트 데어 운팔 파씨어르트?
과속하셨나요?	**Sind Sie schnell gefahren?** 진 지 슈넬 게파렌?
제 차가 받혔어요.	**Mein Auto ist gestoßen worden.** 마인 아우토 이스트 게슈토쎈 보르덴
제가 차를 박았어요.	**Ich habe mein Auto gestoßen.** 이히 하베 마인 아우토 게슈토쎈
누구의 잘못인가요?	**Wer hat daran Schuld?** 베어 핫 다란 슐트?
운전면허 있으신가요?	**Haben Sie Ihren Führerschein dabei?** 하벤 지 이어렌 퓌러솨인 다바이?
소방차를 불러 주세요.	**Rufen Sie die Feuerwehr an.** 루펜 지 디 포이어베어 안
도와 주실 수 있나요?	**Können Sie mir helfen?** 쾬넨 지 미어 헬펜?
차에 무슨 문제 있니?	**Was ist denn mit deinem Auto?** 바스 이스트 덴 밋 다이넴 아우토?
차가 고장났어요.	**Mein Wagen ist kaputt.** 마인 바겐 이스트 카풋
누군가를 좀 보내 주실 수 있나요?	**Können Sie jemanden hinschicken?** 쾬넨 지 예만덴 힌쉭켄?

제 차를 수리점에 맡기려고 합니다.	**Ich möchte einen Wagen zur Reparatur anmelden.** 이히 뫼히테 아이넨 바겐 쭈어 레파라투어 안멜덴
제 생각에 견인해야 할 것 같아요.	**Ich glaube, Sie müssen ihn abschleppen.** 이히 글라우베, 지 뮤쎈 인 압슐라펜
무슨 문제가 있으십니까?	**Was ist das Problem?** 바스 이스트 다스 프로블렘?
그래서?	**Und dann?** 운 단?
연료가 떨어졌습니다.	**Ich habe kein Benzin mehr.** 이히 하베 카인 벤진 메어
배터리가 없습니다.	**Die Batterie ist leer.** 디 바테리 이스트 레어
시동이 안 걸립니다.	**Der Motor springt nicht an.** 데어 모토어 슈프링트 니히트 안
연료를 채워 주십시오.	**Füllen Sie bitte den Tank.** 쀨렌 지 비테 덴 탕크
바퀴를 체크해 주십시오.	**Würden Sie bitte die Reifen kontrollieren.** 뷔어덴 지 비테 디 라이펜 콘트롤리어렌
배터리를 체크해 주십시오.	**Würden Sie bitte die Batterie nachsehen.** 뷔어덴 지 비테 디 바테리 나흐제엔
시동을 꺼 주십시오.	**Stellen Sie bitte den Motor ab.** 슈텔렌 지 비테 덴 모토아 압

경찰서지요?	**Ist da Polizeiamt?** 이스트 다 폴리짜이암트?
여기는 시청 앞입니다.	**Hier ist vor dem Radhaus.** 히어 이스트 포어 뎀 라트하우스
이 근처에 경찰소가 어디 있어요?	**Wo steht ein Polizeiamt in der Nähe von hier?** 보 슈테트 아인 폴리짜이암트 인 데어 네에 폰 히어?
이 근처에 병원이 어디 있나요?	**Wo steht ein Krankenhaus in der Nähe von hier?** 보 슈테트 아인 크랑켄하우스 인 데어 네에 폰 히어?
분실물 센터가 어디인가요?	**Wo ist das Fundbüro?** 보 이스트 다스 푼트뷔로?
가까이에 분실물 센터가 있나요?	**Steht ein Fundbüro in der Nähe?** 슈테트 아인 푼트뷔로 인 데어 네에?

----------[참고단어와 표현]----------

여권	**der Reisenpass**	데어 라이제파쓰
경찰	**die Polizei**	디 폴리짜이
지갑	**die Geldtasche**	디 겔트타쇠
도난	**der Diebstahl**	데어 딥슈탈
분실	**der Verlust**	데어 페어루스트
주소	**die Adresse**	디 아드레쎄

병원	**das Krankenhaus** 다스 크랑켄하우스
도둑	**der Dieb** 데어 딥
자동차 수리점	**die Autowerkstatt** 디 아우토베어크슈타트
주유소	**die Tankstelle** 디 탕크슈텔레

14 비즈니스 독일어

비즈니스할 때

박하나라고 합니다. 저는 "TD"사 제품을 독일에 판매하고 있습니다.	**Mein Name ist Ha-na Park. Ich bin damit beschäftigt, die Produkte von "TD" in Deutschland zu verkaufen.** 마인 나메 이스트 하나 팍. 이히 빈 다밋 베쇠프틱트, 디 프로둑테 폰 "테데" 인 도이치란트 쭈 페어카우펜
저는 슈테판 랑이라고 합니다. 저는 독일의 "B"사에서 일하고 있습니다.	**Mein Name ist Stephan Lang und ich arbeite für "Baba", Deutschland.** 마인 나메 이스트 슈테판 랑 운 이히 아르바이테 퓌어 바바 도이칠란트
판매부입니다.	**Hier ist Verkaufabteilung.** 히어 이스트 페어카웁스압타일룽
당신께 제 명함을 드려도 되겠습니까?	**Darf ich Ihnen meine Visitenkarte geben?** 다르프 이히 이넨 마이네 비지텐카르테 게벤?
여기 제 명함입니다.	**Hier ist meine Visitenkarte.** 히어 이스트 마이네 비지텐카르테

이 쪽으로 앉으세요.	**Bitte, setzen Sie sich hier.** 비테, 젯쩬 지 지히 히어
현행 가격표 있습니까?	**Haben Sie eine aktuelle Preisliste?** 하벤 지 아이네 악투엘레 프라이스리스테?
카탈로그 있습니까?	**Haben Sie einen Katalog?** 하벤 지 아이넨 카타록?
샘플 있습니까?	**Haben Sie ein Muster?** 하벤 지 아인 무스터?
카탈로그 하나 원하십니까?	**Möchten Sie einen Katalog?** 뫼히텐 지 아이넨 카다록?
그 카탈로그를 저희에게 보내 주십시오.	**Schicken Sie uns bitte den Katalog.** 쉭켄 지 운스 비테 덴 카다록
제 전화번호를 드릴까요?	**Darf ich Ihnen meine Telefonnummer geben?** 다르프 이히 이넨 마이네 텔레폰눔머 게벤?
어떤 의문점이라도 있으면 전화 주세요.	**Rufen Sie mich an, falls Sie irgendwelche Fragen haben.** 루펜 지 미히 안, 팔스 지 이르겐트벨헤 프라겐 하벤
저는 당신네 회사의 모터에 특히 관심이 있습니다.	**Ich interessiere mich besonders für Ihre Motoren.** 이히 인터레씨어레 미히 베존더레스 퓌어 이어레 모토렌
저희 회사는 중소기업입니다.	**Wir sind ein kleines Unternehmen.** 비어 진 아인 클라이네스 운터네멘

저희 회사는 틸마사의 자회사입니다.	**Wir sind eine Tochterfirma von der Firma Tilma.** 비어 진 아이네 토흐터피르마 폰 데어 피르마 틸마
저희 회사 제품을 보여 드리겠습니다. 이것이 우리 회사의 새로운 샘플입니다.	**Zeige ich Ihnen unseren Produkten, das ist unser neuestes Muster.** 짜이게 이히 이넨 운저렌 프로둑텐, 다스 이스트 운저 노이에스테스 무스터
우리 물건은 품질이 좋고 저렴합니다.	**Unsere Produkte sind gut und preisgünstig.** 운저레 프로둑테 진 굳 운 프라이스귄스티히
많이 주문하면 가격을 내려 주나요?	**Wenn man viel bestellt, können Sie ermäßigen?** 벤 만 필 베슈텔트, 쾬넨 지 에어메씨겐?
저희 회사는 모터를 생산합니다.	**Wir produzieren Motoren.** 비어 프로두찌렌 모토렌
당신께 저희 제품을 소개하고 싶습니다.	**Ich möchte Ihnen gerne unser Produkt vorstellen.** 이히 뫼히테 이넨 게르네 운저 프로둑트 포어슈텔렌
우리는 지금 이 제품에 대한 설문조사를 실시하고 있습니다.	**Wir machen jetzt eine Umfrage über das Produkt.** 비어 마헨 예쯔트 아이네 움프라게 위버 다스 프로둑트
우리는 지금 사정이 그리 좋지 못합니다.	**Wir sind finanziell nicht so gut.** 비어 진 피난찌엘 니히트 조 굿

어떻게 생각하십니까?	**Wie finden Sie denn?** 비 핀덴 지 덴?
질문 있습니다.	**Ich habe eine Frage.** 이히 하베 아이네 프라게
이 제품 좋으네요. 이 제품은 얼마입니까?	**Das gefällt mir. Was kostet dann dieses Produkt?** 다스 게펠트 미어. 바스 코스텔 단 디제스 프로둑트?
이 기계의 판매가는 100유로입니다.	**Der Einkaufspreis der Maschine beträgt 100 Euro.** 데어 아인카우프스프라이스 데어 마쉬네 베트렉트 훈더르트 오이로
당신의 친절에 감사드립니다.	**Ich bedanke mich für Ihre Freundschaft.** 이히 베당케 미히 퓌어 이어레 프로인트샤프트
종류에 따라 다릅니다. 어떤 종류를 원하십니까?	**Das kommt drauf an. Was für eine Sorte wollen Sie?** 다스 콤트 드라우프 안. 바스 퓌어 아이네 조르테 볼렌 지?
이 박람회에 처음 방문하셨습니까?	**Ist dies das erste Mal, dass Sie an der Messe besuchen?** 이스트 디스 다스 에어스테 말, 다스 지 안 데어 메쎄 베주헨?
아니요, 4번째 방문입니다.	**Nein, ich besuche schon viermal.** 나인, 이히 베주헤 숀 피어말
저희 업체를 방문해 주시면 고맙겠습니다.	**Ich würde mich sehr freuen, wenn Sie uns besuchen.**

이히 뷔르데 미히 제어 프로이엔, 벤 지 운스 베주헨

안녕하십니까? 여기는 질버스사의 박입니다.

Hier ist die Firma Silvers, mein Name ist Park, guten Tag.
히어 이스트 디 피르마 질버스, 마인 나메 이스트 팍, 구텐 탁

박람회에 대해 물어볼 것이 있습니다.

Ich habe eine Frage zur Messe.
이히 하베 아이네 프라게 쭈어 메쎄

저도 이번 박람회에 참가하고 싶습니다. 가능하겠습니까?

Ich hätte Interesse an einer Teilnahme, wäre da noch was möglich?
이히 헤테 인터레쎄 안 아이너 타일나메, 베레 다 노흐 바스 뫼글리히?

뭐 하나 여쭤봐도 되겠습니까?

Darf ich dann mal etwas fragen?
다르프 이히 단 말 에트바스 프라겐?

남는 부스가 있습니까?

Hatten Sie denn noch einen Stand?
하텐 지 덴 노흐 아이넨 슈탄트?

평방미터당 160유로를 내야 합니다.

Sie bezahlen pro Quadratmeter hundertsechzig Euro.
지 베짤렌 프로 크바드라트메터 훈더르트제히찌히 오이로

설치와 분해까지 포함된 금액입니까?

Ist das inklusive Auf- und Abbauen?
이스트 다스 인클루씨베 아우프 운 압바우엔?

제작 기간이 얼마나 걸리나요?	**Wie lange dauert die Anfertigung?** 비 랑에 다우어트 디 안페어티궁?
2주 정도 걸립니다.	**Es dauert zwei Wochen.** 에스 다우어트 쯔바이 보헨
오래 걸리지 않습니다.	**Es dauert nicht lange.** 에스 다우어트 니히트 랑에

편지쓰기

친애하는 신사 숙녀 여러분	**Sehr geehrte Damen und Herren** 제어 게에어테 다멘 운 헤렌
친애하는 랄프씨께	**Sehr geehrter Herr Ralf** 제어 게에르터 헤어 랄프
친애하는 박양께	**Sehr geehrte Frau Park** 제어 게에어테 프라우 팍
사랑하는 랄프에게	**Lieber Ralf** 리버 랄프
사랑하는 하이케에게	**Liebe Heike** 리베 하이케
크렙스 교수님께	**Herrn Professor Klebs** 헤른 프로페쏘어 크렙스
귀하의 2005년 12월 3일 문의에 대하여	**Ihre Voranfrage vom 03.12.2005** 이어레 포어안프라게 폼 드리텐 데젬버 쯔바이타우젠트퓐프

문의 서신을 보내주셔서 대단히 감사합니다.	**Herzlichen Dank, dass Sie uns Ihre Voranfrage geschickt haben.** 헤어쯔리헨 당크, 다쓰 지 운스 이어레 포어안프라게 게쉭트 하벤
귀하의 관심에 감사드립니다.	**Danken wir ihnen ganz herzlich für Ihr Interesse.** 당켄 비어 이넨 간쯔 헤어쯔리히 퓌어 이어 인터레쎄
귀하의 편지에 감사드립니다.	**Wir danken Ihnen für Ihren Brief.** 비어 당켄 이넨 퓌어 이어렌 브리프
당신의 제안을 받아드리겠습니다.	**Mit Ihren Vorschlägen sind wir einverstanden.** 밋 이어렌 포어슐레겐 진 비어 아인페어슈탄덴
자료를 보내 주십시오.	**Bitte, schicken Sie uns die Unterlagen zu.** 비테, 쉭켄 지 운스 디 운터라겐 쭈
1월 1일부터 새로운 가격표가 적용됨을 알려드립니다.	**Wir weisen Sie darauf hin, dass ab 1. Januar die neue Preisliste gilt.** 비어 바이센 지 다라우프 힌, 다쓰 압 에어스테 야누아 디 노이에 프라이스리스테 길트
이 점은 당신에게 특히 중요할 것입니다.	**Dies ist für Sie besonders wichtig.** 디스 이스트 퓌어 지 베존더레스 비히티히
전화로 말씀드린 바와 같이 오늘 저희가 제시할 수 있는 조건은 이렇습니다.	**Wie telefonisch angekündigt, erhalten Sie heute unser Angebot.**

비 텔레포니슈 안게퀸딕트, 에어할텐 지 호이테 운저 안게보트

저희는 당신께 세 번이나 계산서를 보내드렸습니다.

Wir haben Sie schon dreimal an die Rechnung erinnert.
비어 하벤 지 숀 드라이말 안 디 레히눙 에린너르트

다음과 같은 제품을 주문하겠습니다.

Wir bestellen auf dieser Grundlage.
비어 베슈텔렌 아우프 디저 그룬트라게

컴퓨터

Computer
콤퓨터

19인치 모니터

19 Zoll-Monitor
노인젠 쫠 모니토어

이상은 부과세가 포함되지 않은 금액입니다.

Alles Preise ohne Mehrwertsteuer.
알레스 프라이제 오네 메어베어츠토이어

귀하의 주문에 감사드립니다.

Herzlichen Dank für Ihre Bestellung.
헤어쯔리헨 당크 퓌어 이어레 베슈텔룽

부디 지금의 특수한 상황을 이해해 주십시오.

Bitte haben Sie Verständnis für die besondere Situation.
비테 하벤 지 페어슈텐드니스 퓌어 디 베존더레 지투아찌온

다음 주에 즉시 기계들을 보내드리겠습니다.

Schon in der nächsten Woche werden wir das Gerät an Sie liefern.
숀 인 데어 넥스텐 보헤 베르덴 비어 다스 게레트 안 지 리퍼른

주문하신 기계는 2006년 4월 3일 오전에 귀께 도착할 것입니다.	**Die bestellten Geräten werden am 3. 04. 2006 vormittags bei Ihnen eintreffen.** 디 베슈텔텐 게레텐 베어덴 암 드리텐 아프릴 쯔바이훈더르트젝스 포아미탁스 바이 이넨 아인트레펜
이 서식을 2006년 7월 23일까지 보내 주십시오.	**Wir erwarten das Formular bis zum 23. 07. 2006.** 비어 에어바르텐 다스 포뮬라 비스 쭘 드라이운쯔반찍스텐 율라이 쯔바이타운젠트젝스
이 서식을 늦어도 2006년 7월 23일까지 보내주십시오.	**Bitte senden Sie das Formular spätestens am 23. 07. 2006.** 비테 젠덴 지 다스 포뮬라 슈페테스텐스 암 드라이운쯔반찍스텐 율라이 쯔바이타운젠트젝스
잘 지내시기를. (*편지 마지막에)	**Mit den besten Grüßen.** 밋 덴 베스텐 그뤼쎈
편안히 지내시길 바라며 인사를 전합니다.	**Mit freundlichen Grüßen.** 밋 프로인트리헨 그뤼쎈
잘 지내시길 바라며	**Herzliche Grüße** 헤어쯔리헤 그뤼쎄
너의 엄마로부터	**Deine Mutti** 다이네 무티
너의 클라우스로부터	**Dein Klaus** 다인 클라우스

15 표지판

여러 가지 표지판

입구	**Eingang** 아인강
출구	**Ausgang** 아우스강
비상구	**Notausgang** 노트아우스강
고속도로 들어가는 곳	**Einfahrt** 아인파르트
고속도로 나가는 곳	**Ausfahrt** 아우스파르트
우회로	**Umleitung** 움라이퉁
진입금지	**Einfahrt verboten** 아인파르트 페어보텐
일방통행	**Einbahnstraße** 아인반슈트라쎄
미시오	**Drücken** 드뤽켄

당기시오	**Ziehen** 찌엔
바겐세일	**Sonderangebot** 존더안게보트
안내소	**Information** 인포르마찌온
화장실	**Toilette** 토알레테
사용 중	**Besetzt** 베제쯔트
비어 있음	**frei** 프라이
공중전화박스	**Telefonzelle** 텔레폰쩰레
고장	**Defekt** 데펙트
출입금지	**Eintrittverboten** 아인트리트페어보텐
분실물 센터	**Fundbüro** 푼트뷔로
무료 입장	**Eintritt frei** 아인트리트 프라이
점심 휴식 시간	**Mittagspause** 밑탁스파우제
폐점	**Geschlossen** 게슐로쎈

영업 중	**Geöffnet** 게외프네트
여자용	**Frauen** 프라우엔
남자용	**Männer** 멘너
경고	**Warnung** 바눙
주의	**Vorsicht** 포어지히트
공사 중	**Baustelle** 바우슈텔레
버스정류장	**Bushaltstelle** 부스할트슈텔레
택시 타는 곳	**Taxistand** 탁씨슈탄트

|부록|

가자!
월드컵
경기장으로

월드컵 일정별 도시 여행

유럽의 심장부에 위치해 있는 독일은 북쪽에는 덴마크, 서쪽에는 네덜란드, 벨기에, 룩셈부르크, 프랑스, 남쪽에는 스위스와 오스트리아, 동쪽에는 체코와 폴란드 등의 9개국과 인접해 있다.

국토의 면적은 357,000km^2, 인구는 약 8,200만 명으로 유럽에서 러시아 다음으로 가장 많다. 독일은 기후상으로 서유럽의 해양성 기후대와 동유럽의 대륙성 기후대 사이의 온냉한 서풍지대권에 놓여 있고, 온도 변화가 거의 없이 사계절 내내 비가 내린다.

오는 2006년 6월 9일부터 7월 9일까지 함부르크, 하노버, 베를린, 겔젠키르헨, 도르트문트, 라이프치히, 프랑크푸르트, 쾰른, 카이저스라우테른, 뉘른베르크, 슈투트가르트, 뮌헨 등의 도시에서 독일 월드컵 경기가 열린다.

이 책은 한국 경기의 일정에 맞추어 우리나라 선수들이 결승에 진출할 경우 경기가 열리는 도시들을 기준으로 각 도시들의 볼거리와 먹거리를 간단히 소개하고

자 한다.

먼저 독일에 가면 가능한 여러 지방에서 생산한 다양한 맥주를 마셔 보길 권한다. 생산하는 도시마다 맛이 제각각 다르다.

소고기로 만든 흰색소시지(Rindwurst : 린트부어스트)와 물에 삶아서 먹는 붉은색 소시지(Bockwurst :

복부어스트), 뉘른베르크 지방에서 만드는 손가락 모양의 뉘른베르그 소시지(Nurnbergerwurst : 뉘른베르거부어스트) 등등 다양한 소시지를 달콤한 겨자소스에 발라 먹으면 맥주와 잘 어울리는 안주가 된다.

맥주의 종류
- 헬레스 비어 : 색이 엷은 맥주-부드럽다.
- 둥클레스 비어 : 흑맥주-알코올 도수가 높고 맛이 쌉쌀하다.
- 바이첸 비어 : 소맥 맥주-레몬을 띄워 먹기도 한다.

독일은 맥주만큼 와인도 종류가 많고 다양하다. 곳곳마다 바인켈러(Weinkeller)라는 와인 주점들이 많다. 와인은 생산되는 지역, 포도의 종류, 따는 시기에 따라 맛이 분류된다.

와인의 분류
- 지역에 따라 : 라인가우(Rheingau) 와인, 라인헤쎈(Rheinhessen) 와인, 모젤(Mosel) 와인, 프랑켄(Franken) 와인, 바덴(Baden) 와인
- 따는 시기에 따라
  - 카비네트 : 제철에 딴 것
  - 슈페트레제 : 일반 수확 시기보다 약간 늦게 딴 것
  - 아우스레제 : 슈페트레제보다 더 늦게 딴 것
  - 아이스바인 : 서리가 내린 후 12월에 딴 것
- 맛에 따라
  - 트로큰 : 약간 쓴맛
  - 할프트로큰 : 부드러운 맛

• 쥐쓰 : 단맛

 또한 볼거리는 어느 도시를 가든지 시내의 중앙에 위치해 있는 구시가지(Altstadt)를 둘러보라.
 구시가지에 하나씩 있는 돔을 둘러보며 그 곳의 역사를 알아보고 시내 광장(Marktplatz)에서 열리는 주말장을 둘러본다면 독일인의 과거와 현재를 다 봤다고 해도 과언이 아니다.
 이 구시가지는 도시마다 있지만 각 도시마다 다른 분위기를 느낄 수 있다.

 # 프랑크푸르트(Frankfurt)

볼거리

●● 괴테하우스와 괴테 박물관(Gothehaus : 괴테하우스, Gothemuseum : 괴테무제움)

독일의 문호 괴테의 생가를 복원한 건물로 제2차세계대전 때 파괴된 건물을 전쟁 전의 모습 그대로 복원해 놓은 곳이다. 괴테의 생가와 그가 생전에 남긴 작품, 그가 쓰던 물건 등을 전시해 놓은 박물관이 나란히 있다.

●● 자일 백화점(Zeilgalerie : 자일갈러리)

프랑크푸르트의 하우프트바헤에 있는 백화점으로 나선 모양의 실내 디자인이 독특한 건물이다.

●● 시내의 뢰머광장(Romerplatz : 뢰머플라쯔), 시청사 대성당(Kaiserdom : 카이저돔)

독일식 고건물 3개가 나란히 서 있는 구시청 건물이 있는 곳이 뢰머광장이다. 동화속 집이 실제로 눈앞에 펼쳐지는 듯하고 가까이에 시청사도 있다. 고딕양식의 대성당 카이저 돔의 탑에 올라가 내려다보는 프랑크푸르트의 시내 풍경은 마인강과 함께 잘 어우러져 있다. 332개의 계단을 오르려면 오르기 전 각오를 단단히 해야 할 것이다.

●● 프랑크푸르트 박람회장(Frankfurter Messe : 프랑크푸르트 메쎄)

프랑크푸르트 공항에 내려 시가지를 향해 보면 가장 먼저 눈에 띄는 건물이 몽당연필 모양의 프랑크푸르트 메쎄 건물이다. 여러 가지 박람회들이 일년 내내 열리는 곳으로 특히 세계 곳곳의 각종 서적들이 전시되는

부흐메쎄와 음악과 관련된 무직메쎄가 가장 유명하다.

●● 벼룩시장(Flohmarkt : 플로마르크트)

 마인강변에서 매주 토요일(날짜는 변경될 수 있음)에 열리는 벼룩시장에는 특히 모피옷이 전문적으로 거래된다. 잘 사면 품질 좋고 따뜻한 모피를 싼값에 살 수 있다. 단, 독일의 맹렬 동물애호가들의 따가운 눈총은 감수해야 한다.

음식

●● 작센하우젠(Sachsenhausen)이라는 거리에는 사과주(Apfelwein)로 유명하다. 포도를 원료로 한 포도주와는 색다른 한층 부드럽고 새콤한 사과 와인을 맛볼 수 있다. 또한 프랑크푸르트는 독일에서 만들어지는 각종 맥주가 한자리에 모이는 거리로도 유명하다.

유명브랜드의 맥주도 있지만 직접 양조하는 하우스맥주와 소시지에 양배추절임을 맛볼 수 있는 것도 큰 재미이다. 작센하우젠 거리에는 서민풍의 재즈바나 생음악을 연주하는 술집들이 많이 늘어서 있다.

●● 독일에서는 도시마다 상점에서 파는 맥주의 브랜드가 다르다. 프랑크프르트의 대표적인 맥주는 헨닝어 필스너(Henninger Pilsner)이다.

●● 프랑크푸르트 시내에서 간단하게 요기를 할 셈이면 터키 상인들이 판매하는 케밥을 사먹을 것을 권한다. 햄버거를 살 수 있는 돈이면 햄버거 3배 크기의 커다란 케밥을 사서 한 끼 제대로 배불리 먹을 수 있다. 싱싱한 야채와 토마토가 잘 구워진 양고기와 함께 푸짐하게 곁들여져 있다.

●● 여행 중 군것질이 하고 싶다면 길거리 자판(Imbiss : 임비스)에서 파는 브레젤을 사먹어 보라. 소금으로만 간이 된 따끈한 하트 모양의 이 빵은 가격도 싸고 손에 끈적이는 것이 묻지 않기 때문에 길거리를 거닐며 먹기에 안성맞춤이다.

지하철 노선도
● 232p 참조

라이프치히(Leipzig)

볼거리

● ● 구시가지(Altstadt : 알프슈타트)

 독일의 어느 도시를 가든지 시내의 중심에는 구시가지가 있다. 라이프치히에는 중세 모습을 그대로 복원해 놓은 구시가지의 모습과 르네상스 양식의 구시청 또한 독일의 문화를 엿볼 수 있는 좋은 볼거리이다.

● ● 토마스교회(Thomaskirche : 토마스키르헤)

 문화 예술의 도시 라이프치히에는 세계적인 음악가 바흐가 반주자로 활약했던 토마스 교회가 있다. 바흐뿐 아니라 모차르트, 멘델스존 등등의 음악가들이 연주한 적이 있는 유서 깊은 곳이다. 교회의 곳곳에는 바흐가 연주했던 오르간, 그의 모습이 그려져 있는 스테인드글라스 등등 바흐의 흔적들을 많이 볼 수 있다. 이곳에는 바흐의 무덤이 있기도 하다. 가까이에 있는 바흐박물관을 방문한다면 바흐의 정취를 한층 더 느낄 수 있을 것이다.

●● 라이프치히 대학내의 악기박물관

음악에 관심이 있는 사람이라면 라이프치히 대학 내의 악기박물관도 볼만하다. 더불어 라이프치히가 대학도시인 만큼 라이프치히 대학을 둘러보는 것도 좋을 것이다.

음 식

●● 고제(Gose) 비어

고제 비어, 즉 상면 발효의 신맛이 나는 흰맥주를 마셔보기를 권한다. 라이프치히 지역에서 만들어지는 전통 맥주이다. 또한, 라이프치히에는 흑맥주도 유명하다.

지하철 노선도
●● 234p 참조

 하노버 (Hannover)

볼거리

●● 헬렌하우젠 정원, 마슈 공원

비교적 하노버는 다른 도시에 비해 볼거리가 그다지 많지는 않다. 대도시임에도 불구하고 녹음이 우거진 헬렌하우젠 정원이나 마슈 공원에 들러 자연에 흠뻑 빠져 들기를 권한다.

●● 정보통신 박람회(CeBIT), 산업 박업회

정보통신 박람회(CeBIT)와 세계 최대의 규모를 자랑하는 산업 박람회로 유명해서 비즈니스맨들의 발길이 머무는 곳이다.

음 식

●● 독일 음식과 함께 독일인들과 어울려 맥주를 마실 수 있는 곳으로는 시내의 오페라하우스 건너편 골목에 독일 남부 뮌헨의 분위기를 강하게 풍기는 술집 '바바리움(Bavarium)'이 있다.

혹은 독일에서 가장 오래된 맥주집인 '브로이한 하우

스(Broyhan Haus)'을 찾아가 맥주를 마시는 것도 맥주의 고장 독일에서의 의미있는 일일 것이다.

●● 단 것이 먹고 싶다면 독일 어디든지 있는 베이커리에 들어가서 산딸기 케이크를 맛보라.
 향긋한 차나 커피와 함께 먹으면 여행의 피로가 싹 가실 것이다. 독일인들은 3시에서 4시 사이 케이크타임이 있어서 오후에 베이커리에 가보면 혼자 와서 커피 한 잔과 케이크를 먹으며 한가로운 오후를 즐기는 독일 노인들을 많이 볼 수 있다.

지하철 노선도
●● 236p 참조

함부르크(Hamburg)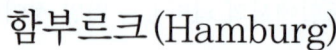

볼거리

●● 알스터 호수

 항구 도시 함부르크에서는 시내 도보 여행보다는 두 개의 커다란 인공호인 외알스터 호와 내알스터 호로 나뉘어진 알스터 호수를 유람선(Alster-Schiffahrt)을 타고 둘러보기를 권한다. 호수 주위에 펼쳐져 있는 녹음을 지나노라면 마치 동화속에 호수를 둘러보는 황홀감에 빠질 것이다.

●● 생선시장(Fischmarkt)

 일요일 아침에 열리는 생선시장을 둘러보아도 재미있다.

●● 함부르크항(Hamburghafen)

유람선을 타고 독일 최대의 항구인 함부르크항을 둘러보는 것도 운치있다.

음식

●● 함부르크에서는 단연 해물 요리를 먹기 바란다. 싱싱하기도 하고 가격도 저렴하다. 바다가 많지 않은 독일에서는 해물 요리를 싼 값에 먹을 수 있는 유일한 곳이다.

●● 6월에는 체리가 많이 재배되는 시기이기 때문에 독일 어느 곳에서나 장이 서는 곳이면 산지 농민들이 직접 농사 지은 체리를 맛볼 수 있다. 제철이어서 맛도 좋고 싸다.

●● 함부르크의 브랜드 맥주는 예버 필스너(Jever Pilsner)이다.

지하철 노선도
● 238p 참조

겔젠키르헨 (Gelsenkirchen)

볼거리

●● 비스마르크(Bismarck) 태양열 주거단지

겔젠키르헨은 관광도시로는 유명하지 않지만 루르 공업지역 최초로 만들어진 태양열 주거단지인 비스마르크(Bismarck) 태양열 주거단지가 있는 곳이다. 건축에 관심이 있는 사람이라면 이 곳을 둘러보면 독일의 생태 건축을 이해하는 데 많은 도움이 될 것이다.

●● 슐로스 호르스트(Schloß Horst)

이 곳은 1554년부터 1572년 사이에 건축된 성으로 남서지방의 대표적인 르네상스 건축물이다. 오랜 시간 소유주가 관리, 보존해 오다가 1988년 시에서 매입하여 1992년 요헴요르단(Jochem Jourdan) 교수에 의해 보건되었다. 현재는 켈젠키르헨의 중요한 건축물로 문화적 행사나 시의 주된 행사가 열리기도 한다.

지하철 노선도
●● 240p 참조

독일 여행시 꼭 알아두세요!

독일 여행시 주의할 점
- 담배꽁초 함부로 버리거나 침을 뱉으면 벌금
- 운전 중 핸드폰 사용시 벌금

독일 문화
- 독일의 상점들은 일요일에 대부분 닫는다.
- 지역적인 차이가 다소 있지만 독일 상점의 대부분은 오전 9시에서 오후 8시까지 영업을 하며, 토요일에는 6시까지 영업을 한다.
- 과일이나 채소는 상점에서 사기도 하지만 주말장에서 파는 싱싱한 것들을 산다.
- 빵은 베커라이(Backerei)에서 사고, 샴푸 등은 드로거리(Drogerie), 약은 아포테케(Apotheke)에서 산다.
- 독일 사람들은 꽃을 자주 산다.
- 프스겡어조네(Fußgangerzone)에서는 차보다 사람이 우선이다. 신호등이 없는 건널목에서는 사람이 우선이므로 차 운행에 주의를 요한다.

독일의 식사
- 독일 사람들은 아침 식사에 주로 쨈을 바른 브뢰첸과 검은빵을 먹는다.
- 독일에는 혼자 사는 사람이 많기 때문에 아침 부페를 파는 식당이 많다.
- 점심에 주로 따뜻한 식사를 한다.
- 독일 사람들은 주로 점심식사를 집에 가서 하는 경우가 많다. 그래서 학생들은 집에서 식사를 하고 오기도 한다.
- 오후 3시에서 4시 사이 케이크 타임이 있어서 그 시간에는 노인들 혼자서 커피와 케이크를 즐기는 모습을 자주 볼 수 있다
- 독일 사람들은 술을 마실 때 안주 없이 마신다.
- 식사 중에 소리를 내며 먹는 것은 큰 실례이다.
- 식사 중 사용하지 않는 손도 식탁에 올려 놓는 것이 예의이다.

 도르트문트(Dortmund)

볼거리

도르트문트는 루르지방 동부의 상공업 중심지이며, 독일 최대의 양조지역으로 유명하다.

도르트문트 대학과 인근 보훔(Bochum) 대학, 에센 (Essen) 대학 주차장에서 매주 토요일에 벼룩시장이 열린다. 또한 월마트 같은 대형마트 주차장에서도 일요일이면 벼룩시장이 열린다.

●● 엠스운하(Ems-Kanal)

이 곳은 도르트문트-엠스(Dortmund-Ems) 운하의 시발점으로 여기서 유람선을 타고 두이스부르그 (Duisburg)까지 갈 수 있다.

●● 호엔지부르그 카지노(Hohensyburg Casino)

이 곳은 유럽에서 규모가 가장 큰 카지노이다. 전통 게임장, 라스케가스존, 자판기게임존의 세 가지 공간으로 나뉘어져 있다.

음 식
●● 도르트문트의 브랜드 맥주로는 마이스터 필스와 필스크로네가 있다. 이 곳의 맥주는 감칠맛이 있어서 한국인의 입맛에도 잘 맞는다. 감자를 갈아 얇게 부친 감자떡(Reibekuchen : 라이벤쿠헨)이 명물이다.

지하철 노선도
●● 242p 참조

뮌헨(Munchen)

볼거리

●● 신시청사(Neues Rathaus)

네오 고딕양식의 대 건축물인 신시청사에는 독일 최대 규모의 인형 시계로 유명하다. 동절기에는 하루 한 번, 하절기에는 두 번 실물크기의 인형들이 인형극을 펼친다.

●● 레지덴츠 박물관(Residenzmuseum)

비테르스바흐 왕족이 살았던 궁전으로 성 내부에 콘서트홀, 오페라 극장, 박물관 등이 있다. 르네상스, 로코코 등등 모든 양식으로 지어진 조형물들을 감상할 수 있다.

●● 슈바빙 거리

뮌헨의 정취를 맛보려면 젊은 나이에 요절한 천재 여류작가 전혜린이 거닐었던 예술인의 거리 슈바빙 거리를 돌아다녀 보자. 거리에 즐비한 재즈바와 극장 카페 등을 거니는 것도 재미있지만 그 곳을 지나는 예술인들과 멋쟁이 대학생들을 구경하는 재미도 쏠쏠하다.

●● 1972년 뮌헨올림픽이 열렸던 올림픽공원도 볼만하다.
●● 자동차를 좋아하는 사람이라면 BMW 박물관을 가도 좋을 것이다.

음 식

●● 뮌헨에서는 역시 맥주의 고장답게 독일 최대의 맥주 홀인 호프브로이하우스(Hofbrauhaus)가 유명하다. 이 곳에서는 독일 민속 의상을 입고 노래를 부르며 술을 마시는 호탕한 바이에른 아저씨들을 자주 만나볼 수 있다.

●● 뮌헨은 맥주 대축제인 옥토버페스트가 열리는 도시로 특히 맥주를 만드는 양조장이 많다. 특히 소맥 맥주인 바이첸비어(Weizenbier)와 삶아먹는 흰 소시지를 곁들여 먹으면 일품이다.

●● 독일에서는 꼭 요구르트를 먹어보라. 슈퍼마켓 어디에서나 판다. 잘게 썬 과일이 들어 있는 것이 아니고 생과일 크기 그대로 들어 있다(딸기, 체리, 포도 등). 한 끼 식사 대용으로도 충분할 만큼 양도 많다.

지하철 노선도
●● 244p 참조

슈투트가르트(Stuttgart)

볼거리

●● 메르체데스밴츠 박물관

 자동차 박물관인 메르체데스밴츠 박물관과 포르쉐 박물관을 방문한다면 자동차의 역사를 한눈에 볼 수 있는 좋은 기회를 가지게 될 것이다. 이 곳을 구경하다 보면 지금의 독일차 명성이 그냥 얻어진 것이 아니라는 사실을 확인할 수 있을 것이다.

음 식

●● 크리스마스 전에 열리는 슈투트가르트의 크리스마스 장에서 소나무 모양의 랩쿠키를 먹어볼 것을 권한다. 원래 뉘른베르그의 크리스마스 장이 유명하지만 혹자는 슈투트가르트의 크리스마스 장이 더 훌륭하다고 칭찬하기도 한다.

●● 독일 호텔의 아침 부페는 대부분 호텔에서 직접 만들기 때문에 독일의 일반 가정에서 먹는 아침식사와 같다. 검은빵과 브뢰첸(겉은 딱딱하고 안은 부드러운

주먹만한 빵)에 여러 가지 치즈나 햄을 올려 먹는 맛이
란 ······. 직접 가서 확인해 볼 것을 권한다.

지하철 노선도
●● 246p 참조

독일 여행시 꼭 알아두세요!

독일의 휴일
- 독일에는 휴일이 많다.
- 뮌헨에는 옥터버 페스트가 있다.
- 독일 통일의 날은 10월 3일이다.
- 뉘른베르그는 크리스마스 마켓으로 유명하다.
- 12월 31일 자정에는 실버스타라고 해서 거리에 나와 샴페인을 마시며 폭죽을 터트린다.
- 크리스마스 휴가가 있어서 거의 1월 6일까지 쉰다.
- 마인쯔에는 2월에 축제가 열린다.

독일의 숙박
- 독일 여행시 중앙역의 관광안내소에 들르면 다양한 여행 정보를 구할 수 있다. 숙박 장소도 예약 가능하다.
- 학생들은 국제학생증이나 학생증을 제시하면 유스호스텔에서 저렴한 가격에 묵을 수 있다.
- 유스호스텔은 주로 밤 11시에 출입문을 닫는다.
- 주로 유스호스텔은 인적이 드문 곳에 있다.
- 숙박비에 아침식사까지 포함인 경우가 많다.

베를린(Berlin)

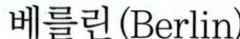

볼거리

●● 브란덴부르크 문

독일 통일의 상징인 브란덴부르크 문를 둘러보자. 문 위의 승리의 여신과 사두마차상이 있다. 통독 전에는 벽으로 가려져

보이지 않았지만 지금은 자유로이 오갈 수 있다. 큰 길 중앙의 이 문은 통일의 의미를 되새기는 듯 기새당당하게 서 있다.

●● 벽 박물관

통일 전의 동독 모습을 보고 싶다면 벽 박물관을 방문해 보라.

●● 박물관 섬

미술품 보는 것을 즐기는 사람이라면 슈프레 강 가운데 4개의 박물관이 모여 있는 박물관 섬을 방문해 보라. 하루종일 지루하지 않게 시간을 보낼 수 있다.

●● 카이저 빌헬름 기념 교회

1895년 빌헬름 1세 황제를 기념하여 건립하게 되었다. 독일은 전쟁의 비참한 모습을 전하기 위해 전쟁 당시 붕괴된 모습을 그대로 복원하지 않고 보존하고 있다.

●● 베를린 필하모니

음악을 좋아한다면 필하모니에서 베를린 필의 공연을 보라. 세계적인 컨서트를 본고장에서 직접 들을 수 있는 것은 자주 있는 기회가 아니다.

음 식

●● 저렴하면서 푸짐한 대학 학생 식당에서 식사를 해 보는 것도 좋을 듯하다. 보통 대학 내의 학교 식당을 멘자(Mensa)라고 하는데 훔볼트 대학 내의 이 멘자는 맛좋고 저렴하기로 유명하다.

●● 베를린에서는 독일의 전통 요리인 아이스바인(Eisbein : 돼지족발 소금절이)을 먹어 보자.

자우어크라우트(양배추 초절임)와 맥주를 곁들여 먹으면 전혀 느끼하지 않고 맛있다. 베를린에서는 약간 단맛이 나는 베르리너바이쎄(Berlinerweisse)가 많이 생산된다. 달콤하기 때문에 술을 잘 못 마시는 사람이나 여성들도 부담 없이 마실 수 있다.

지하철 노선도
●● 248p 참조

프랑크푸르트(Frankfurt) 지하철 노선도

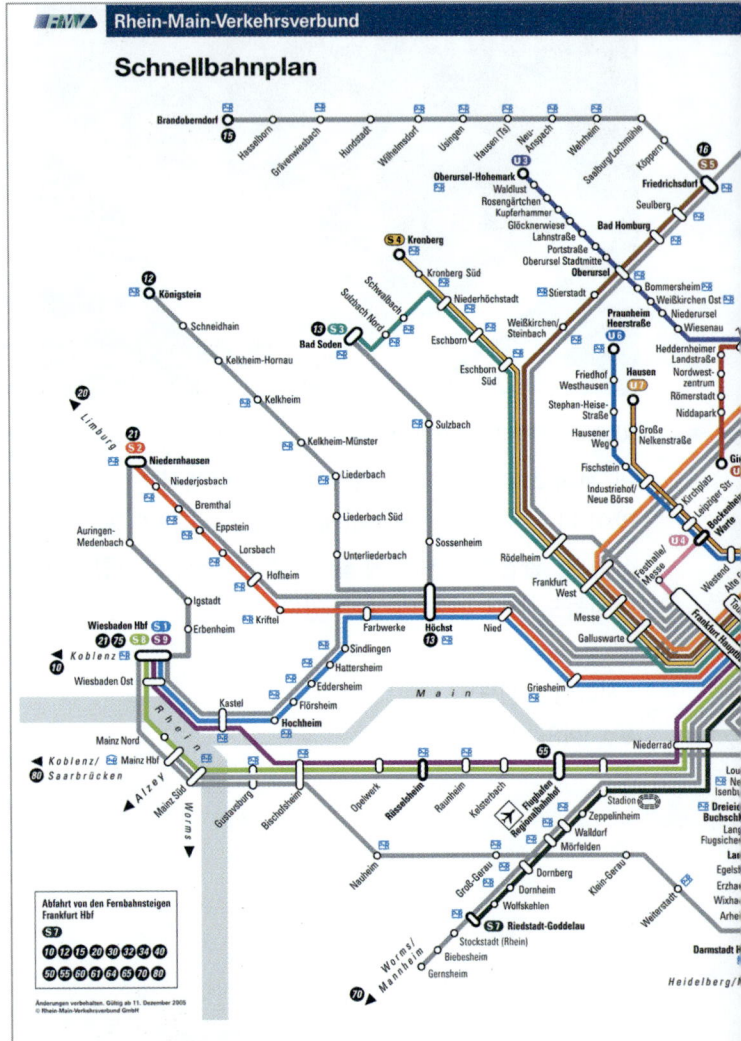

* 라이프치히(Leipzig) 지하철 노선도

하노버(Hannover) 지하철 노선도

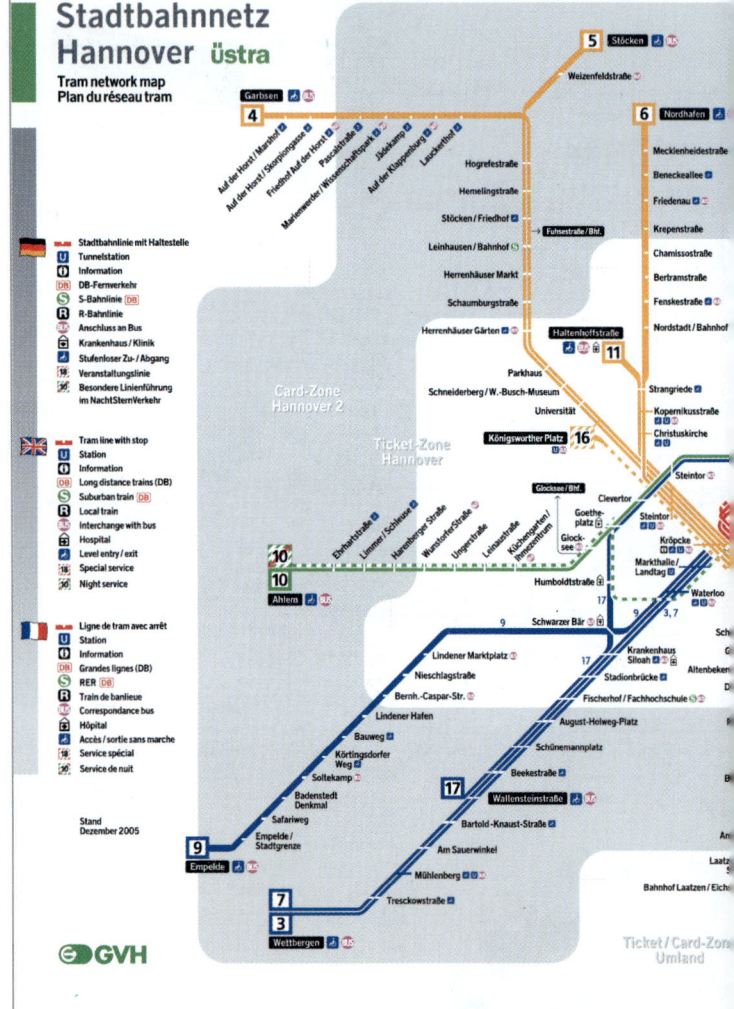

* 함부르크(Hamburg) 지하철 노선도

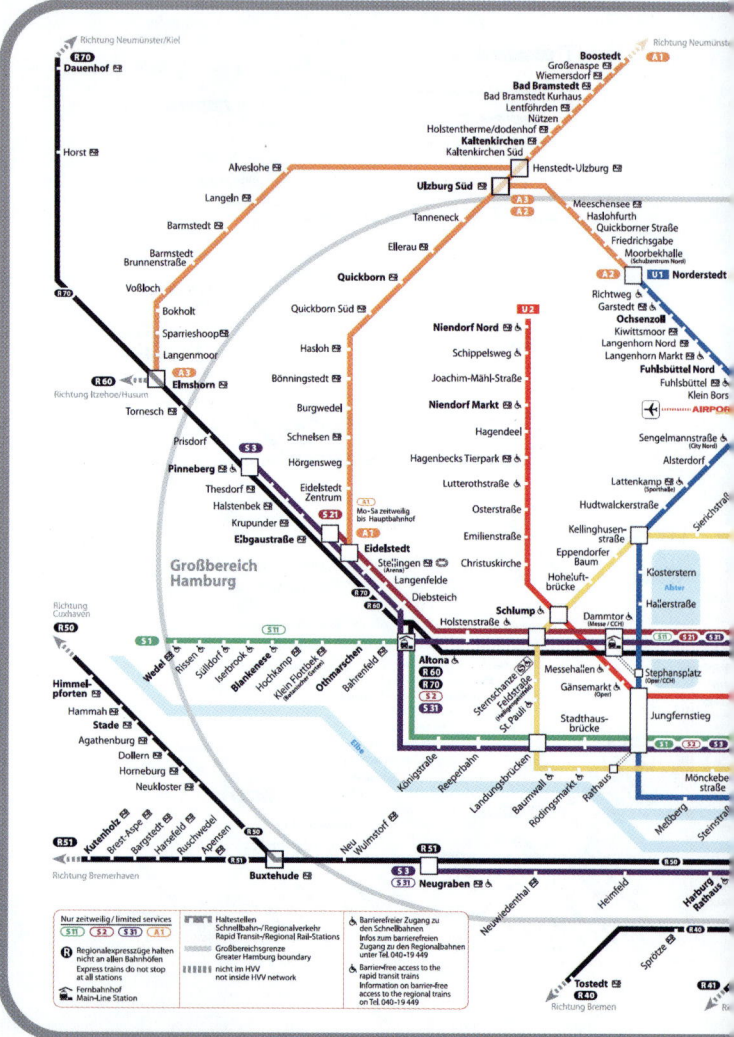

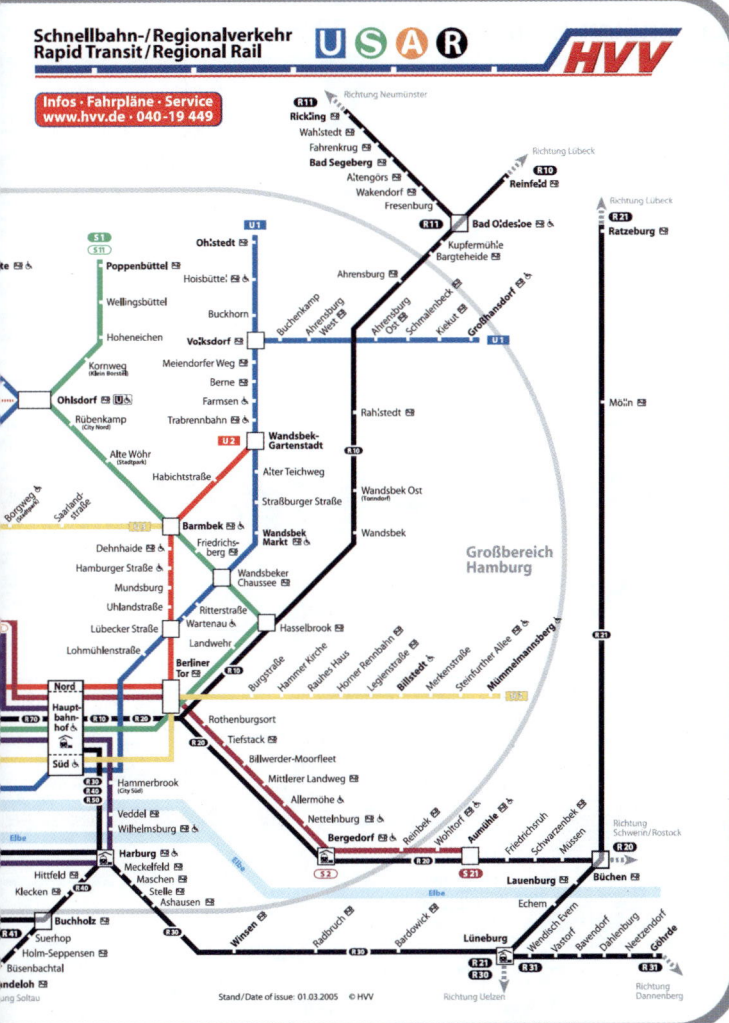

* 겔젠키르헨(Gelsenkirchen) 지하철 노선도

Linienplan Schnellverkehr 2006

* 도르트문트(Dortmund) 지하철 노선도

* 뮌헨(Munchen) 지하철 노선도

슈투트가르트(Stuttgart) 지하철 노선도

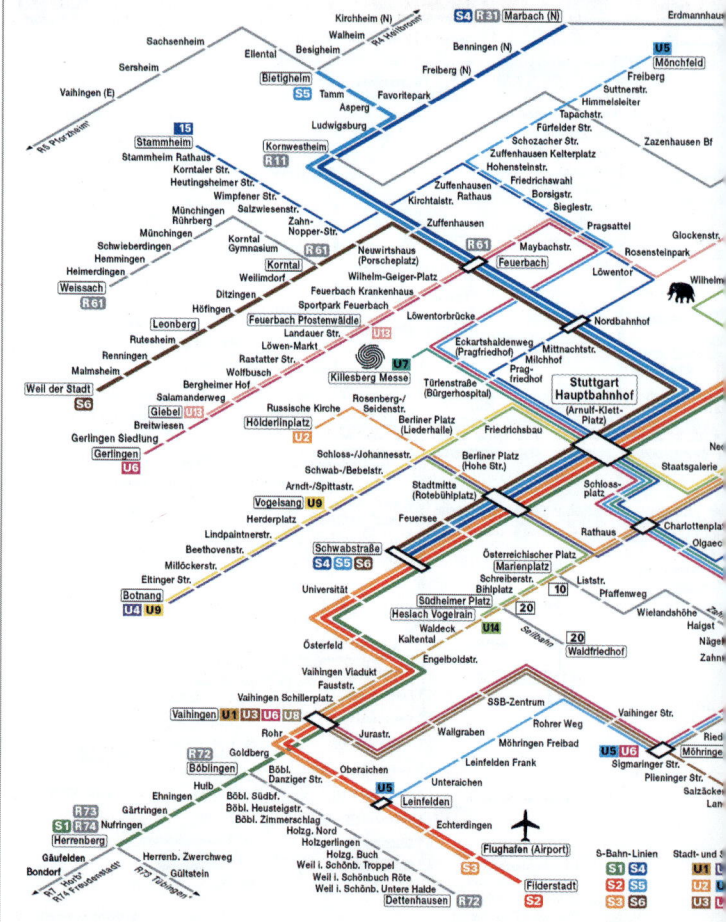

  VVS

베를린(Berlin) 지하철 노선도

독일어 여행 회화

2006년 5월 15일 인쇄
2006년 5월 20일 발행

저 자 : 박재희
펴낸이 : 이정일

펴낸곳 : 도서출판 **일진사**
140-896 서울시 용산구 효창동 5-104
Tel. 704-1616 Fax. 715-3536

등록번호 : 제 3-40호(1979. 4. 2)
홈페이지 : www.iljinsa.com

값 8,000원

ISBN : 89-429-0909-4

*이 책에 실린 글은 문서에 의한 저자나 출판사의
동의 없이 무단 전재나 복제를 금합니다.